En blanco

En blanco

Cómo focalizar la atención, la memoria y la motivación para aprender

Juan Fernández

Prólogo de Mónica de la Fuente

Plataforma
Editorial

Primera edición en esta colección: marzo de 2024

© Juan Fernández, 2024
© del prólogo, Mónica de la Fuente, 2024
© de la presente edición: Plataforma Editorial, 2024

Plataforma Editorial
c/ Muntaner, 269, entlo. 1.ª – 08021 Barcelona
Tel.: (+34) 93 494 79 99
www.plataformaeditorial.com
info@plataformaeditorial.com

Depósito legal: B 1570-2024
ISBN: 978-84-10079-40-3
IBIC: JN

Printed in Spain – Impreso en España

Diseño de cubierta:
Sara Miguelena

Fotocomposición:
Grafime S. L.

Impresión:
Sagrafic

Precisamente yo, que debía saber que los libros solo se escriben para, por encima del propio aliento, unir a los seres humanos, y así defendernos frente al inexorable reverso de toda existencia: la fugacidad y el olvido.

Mendel, el de los libros, STEFAN ZWEIG

Índice |

Prólogo

Si el primer libro de Juan me ayudó a replantearme y a intentar despejar la complejidad en la que se educa hoy en día, este segundo libro, sin duda, me ha recordado lo complicado que es el proceso del estudio y, sobre todo, y después de todo, lo difícil que es aprender y, además, hacerlo lo mejor posible.

Este libro que tienes entre tus manos me ha llevado de viaje por el tiempo, empezando por mi propia época de estudiante que, ahora, recuerdo como mucho más llevadera y placentera de lo que seguro fue en realidad. De cómo estudié sin tener ni idea de cómo se tenía que hacer más allá de repetir «hasta que se me quedaba» en la cabeza, y de que me quedé con las ganas de saber qué explicaban en las clases de «técnicas de estudio» y si me hubiera servido de algo.

Me ha recordado que hace unos años, afortunadamente antes de la pandemia, me embarqué en la aventura de estudiar un máster de mi carrera, y no creo que pueda describir con palabras lo arduo que fue para mí, como madre de dos niños, a mis cuarenta años, y dirigiendo mi propia empresa, no solo sacar tiempo para estudiar de nuevo, sino rescatar mi atención del millón de estímulos que me rodean para centrarme en aquellos libros. Ni la voluntad más férrea es capaz de soportar la multitarea acuciante, las veintidós pestañas simultáneas del navegador y las constantes notificaciones de emails, notificaciones de redes sociales y del móvil y requerimientos de la vida adulta.

Leer a Juan ahora me ha llevado directamente a aquellos meses en los que luché conmigo misma para intentar recuperar mis rutinas universitarias, aquellas que pensaba que se me daban tan bien. Me ha hecho reflexionar sobre mi propia manera de enfocar el estudio y las horas empleadas frente al papel, o ahora frente a la pantalla. A cómo me ha afectado el paso de los años a mi manera de concentrarme y cómo he tenido que recolocar mis creencias y lo que sé de mí, y mi manera de atacar «el problema» para poder terminar aquel bendito máster.

Y también me ha hecho plantearme lo bonito que hubiera sido haber tenido a Juan hace veinte años como profesor, o como blog de referencia, para que me ayudara a sacarle todo el partido posible a mis horas de «hincar codos». A disfrutarlo un poco más, y a autoboicotearme un poco menos. Y seguramente también a aprender mejor.

Por supuesto, como madre, y como profesional y observadora de este mundo educativo que nos rodea, me ha hecho pensar en la suerte que tienen los lectores que vayan a desembarcar en estas páginas. Sobre todo si, como a mí, les fascina el funcionamiento de la atención, la propia y la ajena, de la memoria, del aprendizaje, de nuestra manera de enfrentar la búsqueda de conocimiento, de cómo utilizar de la mejor manera las herramientas con las que ya contamos para unir puntos y conseguir ver el dibujo completo.

Me ha hecho preguntarme si, como padres y educadores, podemos orientar a nuestros alumnos, a nuestras hijas e hijos, en su propia búsqueda del conocimiento, para que no cometan los mismos errores que tuvimos nosotros. ¿Estamos enfocados tan solo en los resultados y olvidamos la importancia de los procesos y en que sea un aprendizaje significativo? ¿Sabemos realmente apreciar el esfuerzo o incentivarlo de una manera positiva y no basada en las recompensas más inmediatas (y fáciles de comprar, añadiría)? ¿Necesitan las madres y padres saber cómo se aprende para ayudar a sus criaturas? Pues sin hacernos expertos en la materia, que no podemos saber de todo, tenemos con este libro un aliado estupendo y accesible para acercarnos con algo más de tiento a este mundo del aprendizaje, yendo más allá de la nota final o de las horas que se pase encerrado frente al libro.

Con *En blanco* —como tampoco hacía en su primer libro—, Juan no te dará el trabajo hecho. Lo siento, no te asegurará el 10 en ese examen que tanto temes, pero sí te ayudará a prepararlo, con tiempo, calma y horas de sueño. Con reflexiones, consejos y evidencia científica, o con la evidencia de que la ciencia no tiene todas las respuestas, para que tu propio viaje sea lo menos tortuoso posible. Y te dará mucho sobre lo que pensar para que manejes, tú o tus hijos o alumnos, con la mayor certidumbre posible, todas las variables que se te pueden presentar en tu viaje particular.

En blanco

Que te conozcas todo lo que puedas, desde la perspectiva académica. Que, pese a las dificultades, que siempre las hay, puedas alcanzar esa meta que te habías planteado.

Y, por último, que sea un viaje por tu propio conocimiento para llegar al mejor puerto: no quedarte en blanco.

MÓNICA DE LA FUENTE,
FUNDADORA DE *MADRESFERA*.

Introducción |

Cuando estaba en segundo de carrera entré en un momento de crisis importante. Me había apuntado a un programa de mentorización en la universidad, y el programa ofrecía la posibilidad de que un investigador joven de la universidad te acompañara y aconsejara durante tus primeros años de carrera. Tuve una suerte agridulce, ya que mi mentor resultó ser un joven profesor, brillante, pero obsesionado con el expediente académico. En realidad, creo que lo hacía por mi bien, ya que la nota es un requisito imprescindible para obtener una beca doctoral, que era lo que yo pretendía en aquel momento. Sin embargo, en cada uno de nuestros encuentros me insistía en que, si quería obtener una beca de investigación, «no podía sacar menos de notable en ninguna asignatura».

Como mi sueño era precisamente dedicarme a la investigación, consultaba en cada cuatrimestre mi expediente académico para saber si me encontraba por encima del 2,5 (sobre 4) que, según mi mentor, me abriría las puertas de una beca predoctoral. Estas afirmaciones se repetían en cada encuentro, y me generaban angustia y preocupación. Recuerdo cuando le conté, al acabar el primer cuatrimestre de mi segundo curso, que había sacado un aprobado en Genética. Su cara de desaprobación, y el hecho de que se trataba de algo que ya no tenía arreglo, me tuvo varios días dando vueltas a diversas maneras de mejorar. Empecé a solicitar libros de la biblioteca, pasaba los apuntes a limpio… Y, sin embargo, era incapaz de mejorar mis notas. Cada vez me costaba más dedicar tiempo al estudio, porque notaba que era absolutamente ineficaz. Tampoco me sentía capaz de estudiar todo el tiempo, porque estaba en otras cosas que me aportaban mucho, como el baloncesto y un voluntariado, y, simplemente, no quería renunciar a ellas. Y lo que quizá resulte más sorprendente es que hasta entonces mis calificaciones habían sido muy buenas, hasta el punto de que en mis dos primeros cursos de universidad había obtenido una beca que me pagaba los estudios, pero era verdad que en primero había prosperado, sobre todo, gracias a la enorme cantidad de datos que recordaba del colegio. En segundo curso, en cambio, con muchísimo temario nuevo, estaba sobrepasado; por ejemplo, en Genética, donde se me pedía reproducir el libro del profesor que impartía la asignatura. En tercero, ya sin beca, decidí emplearme a fondo en cada trabajo de clase. Los entregaba todos, y en más de una ocasión fui felicitado por ellos, pero al final la calificación dependía exclusivamente de los exámenes. ¿Por qué mi esfuerzo no obtenía resultado? Al final, mis calificaciones bajaron, perdí mi beca y comencé un proceso de declive de la autoestima e inseguridad académica que no desapareció hasta mucho tiempo después.

Durante ese tiempo me planteé muchas alternativas: cambiar de carrera, de horario (eso lo hice: pasé del turno de mañana al de tarde), de asignaturas... Pero nunca fui capaz de plantearme que lo que me estaba pasando no dependía de todos estos temas, ni tampoco de mi propia capacidad. Y la verdad es que no he sido capaz de entenderlo hasta que tuve la fortuna de convertirme en docente de personas de entre doce y dieciocho años. Ha sido paseando por las clases, viendo a mis alumnas y alumnos desesperarse, esperanzarse, fracasar y triunfar, cuando me he dado cuenta de lo que necesitaba cambiar, y es lo mismo que muchos de esos alumnos a los que he observado también necesitan cambiar. Acompañarlos me ha permitido releer mi propia historia como estudiante, y comprenderla mucho mejor. Durante los últimos años también he leído mucho sobre educación. He tenido éxito traduciendo esas lecturas en mi blog (www.investigaciondocente.com) y aprendiendo sobre el aprendizaje y la enseñanza. En realidad, ahora me siento capacitado para compartir todo lo que he aprendido y ayudar a aprender mejor a los demás.

Gracias a mis alumnos y a mis lecturas lo he entendido. He comprendido que puedes tener dificultades por muchas razones, no solo por una cuestión de esfuerzo, como, por ejemplo, por no entender lo que lees, por procrastinar, por no saber desarrollar hábitos, etc. En mi caso, lo que hubiera necesitado cambiar eran mis estrategias de estudio. No solo mis relaciones con la manera de estudiar, sino también cómo afrontar las propias horas de clase y los exámenes. Y también mis hábitos de motivación y percepción como estudiante.

En general, nuestra manera de comportarnos frente al aprendizaje se basa en la intuición y en lo que sentimos como más útil, pero, a veces, resulta una guía muy pobre para orientar nuestra forma de aprender. Afortunadamente, también he aprendido que podemos mejorar mucho nuestra propia manera de aprender. En cualquier etapa de la vida, ya sea porque te tienes que preparar para un nuevo trabajo, porque necesitas aprobar unas oposiciones, para ayudar a tus hijos o porque tengas el deseo de aprender algo. Pero ¿cómo hacerlo? Este libro trata de aportar respuesta a todo ello.

En blanco es el título que he escogido para este libro. No necesariamente porque me quedara en blanco en los exámenes, algo que también sucedía a veces, sino porque mi horizonte de posibilidades estaba en blanco. Sabía que iba peor de lo que quería, pero estaba en blanco en la manera de mejorar. Dedicaba más esfuerzo, pero un esfuerzo muy poco fructífero.

Yo tuve que pasar por muchas dificultades, y mucho, mucho trabajo estéril, para mejorar. Muchos de los conocimientos que he aprendido han sido resultado de mis lecturas para mi blog (www.investigaciondocente.com), pero también de mi experiencia personal salpicada de grandes fracasos y numerosos intentos. Todavía me siento un estudiante. De hecho, mientras escribo este libro estoy realizando el doctorado en Psicología. Acaban de rechazar la publicación del primer artículo que mandamos a una revista científica. Tal vez, con las herramientas que he aprendido como docente de Secundaria, esta vez pueda terminarlo con éxito. Todo mi propio aprendizaje que recoge el libro no llega tarde para mí, así que espero que tampoco para los lectores y todas las personas que puedan beneficiarse de él. Cuando escribía este libro no pensaba en un tipo de persona en concreto. He tratado de escribirlo pensando en cualquier persona que necesita aprender en cualquier momento de la vida, no solo para jóvenes. También para los que, como yo, tenemos que enfrentarnos a algún tipo de aprendizaje profesional que nos capacite para lograr nuevos objetivos en la vida. Espero que, seas como seas, en estas páginas encuentres una palanca para desatascarte en los momentos en los que te encuentres… en blanco.

1.
En blanco
por falta de atención

Laura se encuentra, una vez más, frente a un folio con algunas operaciones matemáticas. Puedes imaginarte que son largos problemas de álgebra lineal de primero de carrera, o unas operaciones con fracciones de segundo de Secundaria. Está sentada en su mesa de estudio, donde ha dispuesto todo de forma que tenga espacio para la sesión de trabajo. Ha dedicado mucho tiempo a prepararlo todo, y tiene un bolígrafo para pasar a limpio una vez que acabe las operaciones. También dos lápices y una goma, un sacapuntas recién estrenado, y algunos subrayadores de varios colores, porque la tranquiliza tenerlos siempre a mano por si acaso. De hecho, cuando está cansada, su manera favorita de estudiar es subrayar, aunque luego no recuerda para qué usaba cada color. Por fin, después de tanta preparación, comienza a leer los ejercicios. Al analizar el primero la invade una sensación de alivio. Sabe hacerlo, seguro, sin embargo, continúa leyendo y llega al segundo enunciado, donde se sobresalta.

—¿Esto lo hemos dado? —se pregunta—. Creo que no... vamos a ver. No, seguro que no lo hemos dado. Voy a preguntar por el grupo si el primer ejercicio lo hemos dado. Anda, mira el mensaje que ha mandado Dani...

Esta pequeña historia ilustra varios de los aspectos que vamos a tratar en esta primera parte del libro. En primer lugar, cuando hablamos de falta de atención, no debemos asociarlo directamente a una falta de atención intencionada. Puede ser que a veces alguien diga: «Mira, dejo de estudiar y me pongo con el móvil», pero muchas otras veces no es así, como vemos en la historia de Laura. Ella se ha esforzado en ponerse a estudiar, pero su atención se ha volcado primero en lo superficial (la preparación del material) y luego ha descarrilado hacia una conversación de WhatsApp.

Hay personas que asocian inequívocamente una falta de estudio a una falta de interés por estudiar. Aunque puede ser el caso en algunas, también suele ser habitual que al principio haya una verdadera intención de dedicar tiempo al estudio. El problema es que Laura no ha sido capaz de focalizarse de manera efectiva en una tarea, y por eso es propensa a desviarse hacia otros estímulos. Como podemos imaginar, el problema consecuente ocurre después de una tarde conversando por WhatsApp (y después mirando Instagram, y después chequeando el correo, y después...) mientras sus ojos están delante, física pero no mentalmente, de los ejercicios. Llegará a la siguiente clase con la idea de que se ha pasado toda la tarde estudiando y, cuando experimente que no es capaz de resolverlos y que no entiende «de qué va la película», es probable que se desanime. Porque quedarse en blanco desanima, y mucho. Y se desanima con razones, quizá no rigurosas, pero razones, al fin y al cabo. En definitiva, no podemos asignar sin más una falta de atención a una falta de interés o de ganas de hacerlo bien.

Escribo este párrafo, que tal vez resulte polémico, al principio del libro, por una razón: estoy escribiendo este texto precisamente por esto. Lo escribo porque estoy convencido de que la razón del fracaso en el aprendizaje no es única, sino múltiple. Porque años de enseñanza y de lectura me convencen de que muchas personas que creen que no pueden, realmente sí que pueden. Necesitan saber por dónde empezar, y qué primeros pasos dar. Necesitan desenredar un ovillo que se les ha enredado, en algunos casos, por cuestiones ajenas a su persona, y en otros por cuestiones propias, pero en todos los casos se ha enredado muchísimo.

Además, si la experiencia de intentar y fracasar se repite a menudo, quizás aprenda algo equivocado y muy peligroso: practicar matemáticas en casa no sirve para nada, porque, en realidad, el «tiempo atencional» dedicado a las matemáticas ha sido muy escaso. ¿Cuánto tiempo pasas realmente imbuido en la tarea en cada sesión de estudio? Esta es la pregunta fundamental a la que hay que enfrentarse. A lo largo del libro iremos desgranando estrategias que nos permitan resolver estas situaciones. Lo importante de esta primera parte es lo siguiente: **si alguien pasa todas las tardes estudiando y ha suspendido, no existe una única explicación. Quizá no es que esa persona tenga poca capacidad, sino que no ha**

aprendido a orientar su atención de manera adecuada. Una pregunta que a mí me ayuda en este sentido (y en otros) es: ¿dedico mi atención a una cuestión adyacente o estructurante? Por ejemplo, ¿tener tres subrayadores es adyacente, accesorio, podría vivir sin ellos? ¿Resolver dos problemas diferentes es adyacente o estructurante? ¿Tener luz natural es adyacente o realmente con ella estudio mucho mejor? ¿El móvil cerca de mí es adyacente? Por eso casi siempre la solución no es dedicar más tiempo, sino dedicar *mejor* el tiempo. A esta idea volveremos más adelante en el libro.

Los problemas adyacentes son, por tanto, aquellas cuestiones cuya solución nos facilita la vida un poco. Si los resolvemos, nos sentimos más cómodos, pero no son fundamentales, y debemos tener mucho cuidado con el tiempo que les dedicamos. Porque podemos pasar toda una tarde en cuestiones adyacentes, ordenando y pasando a limpio, pero sin dedicar tiempo a lo estructurante. **Los problemas estructurantes** son aquellos que realmente nos hacen aprender. Por ejemplo, si Laura en una tarde resuelve correctamente dos ejercicios muy similares, o cuatro ejercicios de tipos ligeramente distintos. Esto sí que va a tener un efecto en su aprendizaje. ¿Ha realizado unos apuntes con las ideas más importantes de dos temas? ¿O ha pasado a limpio unos apuntes que ya tenía mientras cantaba sus canciones favoritas? Distinguir entre cuestiones adyacentes o estructurantes cambia el modo en el que evaluamos el tiempo de trabajo.

En mis años como docente he aprendido algo que no aprendí como estudiante: **la unidad de medida del estudio**

no es la hora. En una hora podemos aprender conocimientos o no aprender absolutamente nada. El tiempo dedicado me parece, desde este punto de vista, una aproximación muy pobre al estudio. En algunos casos, como la preparación de una oposición, más tiempo puede ser condición necesaria pero no suficiente. Además de más tiempo, necesitaremos estrategias eficaces que nos ayuden a optimizar ese tiempo. Por otra parte, cuando te pasas horas y horas tratando de resolver un problema complejo de matemáticas, o escribiendo borradores y borradores de un libro, al menos cuando terminas te das cuenta del esfuerzo. El tiempo ha sido empleado en algo. Miras tus hojas y sientes que has pasado mucho tiempo enfrascado en la tarea, aunque haya sido poco provechoso. Sin embargo, cuando tu atención desconecta, puedes perfectamente haber pasado dos horas sin haber escrito más que unas líneas, y cuando, después de todo ese tiempo de vagabundeo mental, vuelves a enfocarte en la tarea, llegas a pensar: pero ¿qué ha pasado?

En segundo lugar, esta historia muestra también cómo la atención de Laura ha sido capaz de centrarse en algo muy concreto: buscar y colocar sus materiales. Un fenómeno interesante y muy práctico para entendernos a nosotros mismos es esta oscilación entre la atención focalizada y la distribuida. En este capítulo y el siguiente hablaremos de lo que sucede cuando nos preparamos para ganar control sobre esta oscilación. Es decir, cuando mejora nuestra capacidad de regular la atención focalizada, que, por cierto, no tiene una duración máxima determinada e igual para todos los individuos. Podemos prestar atención más de veinte minutos seguidos a un texto o un problema, a pesar de lo que digan algunos vídeos que circulan por internet. Un director de orquesta que coordina durante una hora la ejecución de los dos primeros movimientos de una sinfonía es un buen ejemplo de la máxima expresión de atención focalizada.

Prestando atención a la atención

Ahora que hablamos de la atención en este capítulo, te pido, querido lector, que dediques unos minutos a prestar atención a tu atención. En primer lugar, mira a tu alrededor e intenta captar el mayor número posible de estímulos visuales. Observa la luz que entra a través de la ventana, o las lámparas que iluminan la habitación en la que ahora te encuentras. Después, fíjate en los objetos que la luz ilumina. Atiende a su forma, tamaño, ubicación y color. Puede que haya más personas alrededor, en cuyo caso será necesario observar sus rasgos, su vestimenta… Quizá, si has conseguido centrar tu atención en todos los objetos y personas del entorno, sentirás que tu atención está sobrecargada.

Vamos a continuar con el mismo ejercicio, pero ahora además con todos los sonidos de tu entorno, como el ruido de un ordenador, el de un reloj o la charla de dos personas que susurran entre sí. A continuación, intenta mantener todos estos estímulos visuales y auditivos, pero observa también los sentidos de la piel: ¿puedes sentir la presión que crea tu reloj en la muñeca, y puedes percibir un ligero picor o una presión sutil? ¿Puedes percibir los calcetines en el dedo gordo de sus pies? Y ahora, mientras continúas leyendo... ¿puedes percibir todos estos estímulos a la vez?

Espero que este sencillo ejercicio introductorio haya terminado con una conclusión: no podemos atender a todo a la vez. Como dice Charo Rueda en su estupendo libro *Educar la atención con cerebro*: «No tenemos el cerebro para ello». La atención, parece, simplemente «sucede». Y, sin embargo, cuando sucede nos hace conscientes de estímulos que antes no procesábamos: la presión del reloj, la luz de la ventana, el tacto de los calcetines... Más que de un filtro se trata de un procesamiento cognitivo continuo. Consciente e inconscientemente, tu cerebro va procesando el entorno a través de la atención y diciendo a qué cosas merece la pena dedicar más energía.

Por este motivo, decimos que la atención puede suceder de dos maneras: cuando seleccionamos un estímulo del entorno, o cuando ese estímulo nos llama la atención (una expresión de lo más exacta, en este caso). Veamos: cuando alguien levanta la mano y la sacude mientras nos mira y dice nuestro nombre, solemos prestar atención. Es lo que se denomina un **proceso** *bottom-up* o **«de abajo arriba»**. Hay una señal que capta nuestra atención y «sube» hasta nuestra consciencia. Sin embargo, si como lector te encuentras leyendo este libro en el autobús, probablemente tengas a tu alrededor muchísimos estímulos. Con un poco de suerte, te está resultando interesante lo que lees y decides conscientemente prestar atención a estas líneas. En este caso, aunque inconscientemente percibas una conversación a tu lado, tu atención pone por delante esto que te estoy contando. Hablamos entonces de **proceso** *top-down* o «**de arriba abajo**»: de nuestra consciencia «baja» al estímulo. Mientras que la atención de abajo arriba sucede de forma automática, la atención de arriba abajo requiere poner en marcha nuestra maquinaria cognitiva: poner atención, esforzarnos en ello, en suma.

Inmediatamente, podemos pensar en que hay dispositivos a nuestro alrededor que apelan claramente a nuestra atención *bottom-up*: un sonido, un cartel iluminado o el claxon de un coche son buenos ejemplos de ello. Y las notificaciones sonoras del teléfono móvil, también, por supuesto. Y, sin embargo, para el aprendizaje lo esencial es la atención *top-down*. Precisamente porque sucede cuando decidimos de manera consciente dirigir nuestra atención hacia algo: una hoja con apuntes, un manual, unas operaciones como las de Laura… A lo largo de este capítulo hablaremos a menudo de la atención con símiles relacionados con el agua: la atención *top-down* es aquella que podemos enfocar como si fuera una manguera para regar una maceta de nuestra ventana.

Vivimos en un mundo lleno de llamadas a nuestra atención *bottom-up*: luces que se encienden, sonidos de mensajes, y un cada vez más larguísimo etcétera, pero la atención no solamente funciona con llamadas de atención, más bien disponemos de un sistema de control (la red atencional ejecutiva) para dirigir la atención según nuestros objetivos.

Podemos entender ahora lo importante que resulta no rodear a los niños y tampoco a nosotros mismos de llamadas *bottom-up* que nos interrumpan cuando estamos concentrados en nuestro aprendizaje.

Resulta esencial para el propósito de este libro que reflexionemos acerca de las oportunidades que tenemos para trabajar en nuestra atención de arriba abajo, *top-down*, porque a medida que ejercemos este control consciente de la atención vamos entrenándonos y ganando en esa capacidad de control. Si toda nuestra vida se limita a responder a sonidos, vibraciones y estímulos luminosos, nos va a resultar muy difícil enfocarnos en un tiempo de atención sostenida.

Cuanto más practiquemos la atención sobre un material parecido al material que debemos aprender (sea este un folio, un problema, un engranaje mecánico, un sistema eléctrico, etc.), más fácil será luego dedicar la atención necesaria a ese tipo de problema. Podemos empezar a trabajar con los más pequeños de la casa en este sentido, por ejemplo, mediante libros de pegatinas. Pegar una pegatina en un espacio reservado para ello es una forma de ejercitar la psicomotricidad fina, a la vez que acostumbramos al peque a disfrutar prestando atención a un libro.

De manera fascinante, a la vez que sucede todo esto, y aunque no lo percibamos, nuestro cerebro se encuentra constantemente tratando de predecir cuánta atención necesitaremos dedicar al entorno, y cuánta podemos reservar para una tarea específica. Como dicen Adam Gazzaley y Larry D. Rosen en su libro *The Distracted Mind*: **nuestro cerebro vive**

en el futuro. Si tú, lector, me permites continuar con el símil, se trata de decidir con cuánta agua regar varias macetas de diferentes tamaños y especies, para que no se nos muera ninguna. Cuanto más familiar es la tarea, mejor puede nuestro cerebro estimar cuánta atención precisará. Y, como explicaremos más adelante, la familiaridad apela a la memoria procedimental y acaba incluso haciendo prescindible a la atención. ¿Por qué zapato empezaste a atarte los zapatos esta mañana? ¿Qué manga de la camisa te pones primero? Probablemente sea siempre el mismo zapato y manga de la camisa, pero la memoria procedimental se ha encargado de automatizar el proceso para que no requiera atención.

El ejemplo del agua que debe repartirse permite comprender también qué sucede con los llamados trastornos de la atención, siendo quizás el Trastorno de Déficit de Atención e Hiperactividad (TDAH) el más conocido. El nombre probablemente nos haga pensar en una falta de atención, y así tal vez llamemos a estos niños «distraídos» o «despistados». Sin embargo, este trastorno viene provocado en algunas ocasiones por un exceso de atención indiscriminada. Para estas personas con TDAH es muy natural regar con mucha agua cada planta que se encuentra, y así no pueden dedicar agua suficiente a la maceta grande, que representa una actividad que deben resolver como una operación matemática o una redacción escrita. De esta manera, quizá podemos entender mejor lo que sucede y, por tanto, ser de más ayuda. Aunque no es el objetivo del libro, no quiero desaprovechar estos primeros compases del mismo para aconsejar y citar la frase de María José Mas en su blog *Neuropediatra* sobre el tratamiento del TDAH y recomendar todos sus libros al respecto:

El tratamiento del TDAH debe ser multimodal porque es integral: no se limita a dar fármacos (cuando son necesarios), sino que considerando el TDAH una condición de la persona, y no una enfermedad, se dirigen todos los esfuerzos al autoconocimiento y a la mejora de aquellos aspectos que resultan en una merma del desarrollo global del niño y especialmente de sus capacidades sociales y de aprendizaje.

En definitiva, la atención puede definirse como una concentración de la actividad mental que permite captar una parte limitada del vasto flujo de información disponible tanto en el mundo sensorial como en la memoria. Mientras tanto, los elementos desatendidos se pierden y no se procesan en detalle. Se observa, pues, que la atención es un «guardián» de vital importancia para todas las personas y que por eso podemos mejorar la manera en la que lo utilizamos, independiente de nuestras condiciones. Es un mecanismo de control cognitivo básico para aprender.

Ignorando al gorila

Como ya mencionamos al inicio del capítulo, la atención puede clasificarse básicamente en dos: **la atención**

distribuida y la atención focalizada. Tratemos de entender un poco más sobre esta importante distinción. La atención distribuida ocurre sin esfuerzo y nos habilita para reconocer propiedades globales. Es lo que nos permite caminar por una calle muy concurrida y distinguir una cara conocida entre la multitud. La atención focalizada, por el contrario, requiere de esfuerzo. Permite la identificación precisa de características, por ejemplo, cuando buscamos a una persona en concreto entre la multitud. Para controlar la oscilación entre ambas contamos con lo que los expertos denominan la red de atención ejecutiva, cuya función principal consiste en inhibir respuestas automáticas a un estímulo. Empieza a desarrollarse a los tres años, y es clave en el aprendizaje académico, así como para aprender nuevas ideas de manera informal.

La red de **atención ejecutiva** es responsable del tipo de atención que utilizamos cuando una tarea nos resulta incongruente y nos genera un conflicto. Es lo que ocurre en la tarea «Stroop», por ejemplo, que circula con frecuencia en las redes sociales. Se presentan nombres de colores escritos en color diferente del que mencionan («rojo» con coloración verde, «verde» con coloración azul, etc.) y se pide que se digan los colores en que están escritas las palabras. Para realizar la tarea hay que inhibir la respuesta automática de leer una palabra para poder nombrar el color en el que está escrita.

En general, la red de atención ejecutiva inhibe las respuestas automáticas a los estímulos, e interviene principalmente durante el control descendente de la atención.

La atención ejecutiva también ayuda a aprender nuevas

ideas. Por ejemplo, mientras lees este pasaje, tu red de atención ejecutiva ha estado asimilando activamente nueva información. Idealmente, también ha estado comparando esta red de atención ejecutiva con la red orientadora de atención para continuar con la lectura. Imagínate que estás buscando una lentilla perdida en la zona del lavabo. Cuando estás seleccionando información a partir de una entrada sensorial, se activa tu red de atención orientadora. La red de atención orientadora suele ser la responsable del tipo de atención que se requiere para la búsqueda visual, en la que hay que desplazar la atención hacia varias ubicaciones espaciales.

Teniendo en cuenta todos estos factores, podemos entender que el proceso de lectura y comprensión de un libro de texto de nivel universitario puede ser un reto difícil de alcanzar si no se han consolidado antes las habilidades y estrategias necesarias con lecturas de creciente complejidad.

En conclusión, **la atención focalizada** permite dirigir nuestro esfuerzo mental hacia los pensamientos y los estímulos del entorno que son más importantes teniendo en cuenta unos objetivos. Al mismo tiempo, el sistema atencional permite filtrar la información que no es útil o importante para el estado actual de los objetivos. Sin la atención, tendrías que dedicar la misma cantidad de esfuerzo mental a cada pensamiento y estímulo ambiental que pudiera estar a tu disposición en algún momento. No es complicado apreciar lo difícil que sería completar cualquier tarea en circunstancias tan abrumadoras.

Con todo esto, no es descabellado nombrar a la atención como «la puerta de la memoria», y es que aquello a lo que no prestamos atención es imposible que sea recordado. Y esto es una gran lección para cualquier persona que se dedique a estudiar: pasar tiempo delante de una hoja no garantiza en absoluto que se vaya a recordar en el futuro.

De hecho, podemos visualizar un vídeo y no fijarnos en un gorila que aparece bailando en el centro de la pantalla. Me refiero al famoso experimento de Daniel Simons y Christopher Chabris,[*] en el que un grupo de personas se pasan dos balones de baloncesto. Algunas llevan camisetas blancas y otras camisetas negras, y el espectador debe contabilizar el número de pases que hace el equipo blanco; mientras tanto, un gorila aparece en el centro de la pantalla, pero pasa inadvertido para el espectador; de igual manera, uno de los jugadores abandona la escena y el fondo cambia de color. Sin embargo, si la atención no estaba puesta en eso, sino centrada en contar los pases, ocurre lo que Simons y Chabris denominaron «ceguera atencional», un fenómeno común que explica por qué podemos quedarnos en blanco fácilmente si la atención no se enfoca al objetivo de aprendizaje.

La atención precede a la memoria

Mientras estoy en la cocina, Mónica me llama por teléfono y me recuerda que pase por la farmacia a comprar unos

---

[*] Vídeo del experimento en YouTube: https://www.youtube.com/watch?v=IGQmdoK_ZfY

medicamentos. Al mismo tiempo que digo que sí, cojo las llaves y salgo por la puerta. Compro en el supermercado naranjas, yogures y leche. Paso por delante de la farmacia mientras contemplo felizmente los árboles de la acera. Ya llega la primavera. Y cuando llego a casa, entro en la cocina y... ¡recuerdo los medicamentos que he olvidado comprar! Parece que mi sistema cognitivo recuerda en qué contexto recogió la información y me la trae cuando llego a ese mismo contexto. ¿Algo falla? Parece ser que para la memoria es muy importante el contexto en el que generó un recuerdo. En un experimento para el que sin duda no faltaron voluntarios, Lowe estudió el efecto de recordar una lista de palabras en personas sobrias y en personas borrachas. Los que estudiaron la lista de palabras de los sobrios la recordaron mejor estando sobrios, pero, sorprendentemente, los que aprendieron la lista estando borrachos, la recordaron mejor ebrios que sobrios. Experimentos similares, pero menos curiosos, se han realizado con buzos dentro y fuera del agua por parte de los psicólogos británicos Duncan Godden y Alan Baddeley, con idéntico resultado: si estudias una lista de palabras debajo del agua, la recuerdas mejor debajo del agua. Es decir, la memoria es profundamente contextual y está intrínsecamente relacionada con la atención, porque es el sistema de procesamiento que va recogiendo información sobre este contexto.

Profundizando en este sentido, es importante tener en cuenta el modelo de memoria que los psicólogos británicos Alan Baddeley y Graham Hitch propusieron en 1974 y que fundamentalmente el primero ha ido completando hasta la

En blanco

actualidad junto con muchos colaboradores. En él (figura 1) se puede apreciar cómo la atención es el paso entre la percepción y la memoria de trabajo. Más allá de discusiones actuales sobre si la percepción es parte de la memoria de trabajo o no, lo que resulta de mucha utilidad es que la atención es la antesala de la memoria de trabajo. Y, a su vez, la memoria de trabajo se puede definir como «un sistema con muchas partes que sostiene temporalmente y manipula información mientras realizamos tareas cognitivas». Es decir, es el espacio mental breve e inmediato para una cantidad limitada de información que procesamos en un instante concreto.

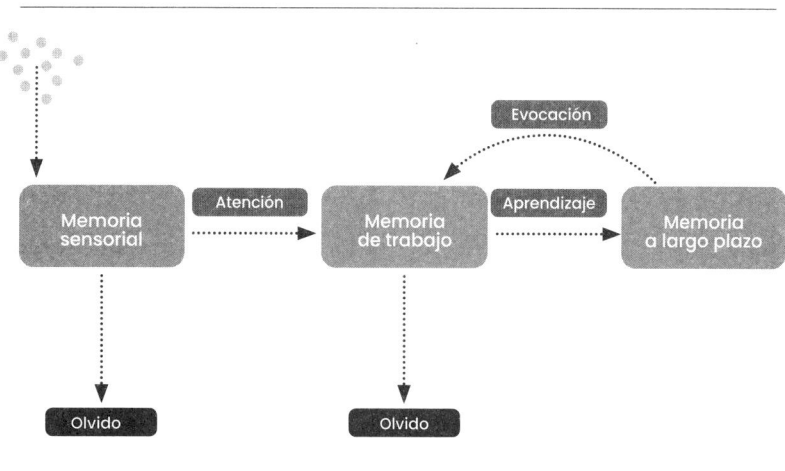

Figura 1. Una aproximación al modelo de memoria de Alan Baddeley y Graham Hitch.

Aunque hablaremos de ella en los próximos capítulos, por ahora es importante clarificar que la memoria de trabajo no es un proceso pasivo, por eso no se denomina ya «memoria a corto plazo». Resulta también importante comprender que en ella ocurren simultáneamente el procesamiento y el almacenamiento, aunque sea por un tiempo muy limitado (se considera inferior a treinta segundos). El número de elementos que pueden almacenarse en ella es también muy limitado, estando el consenso actual en un número entre tres y cinco. Sin embargo, necesitan ese procesamiento previo para integrar lo que vamos experimentando y aprendiendo en la memoria a largo plazo.

Otro aspecto interesante de la memoria de trabajo es que su capacidad viene determinada, en parte, por factores genéticos. Es decir, que la capacidad de la memoria de trabajo es siempre limitada, pero hay rasgos innatos que pueden ocasionar variaciones importantes entre los individuos. Excede a los objetivos del libro explicar los pormenores de esta relación, pero sí es importante partir de la base de que no todas las personas poseen la misma memoria de trabajo. En definitiva, puede ocurrir que lo que impida el aprendizaje no sean problemas atencionales, sino una memoria de **trabajo** que necesita otra manera de actuar. Más adelante trataremos de aportar estrategias en esta línea.

No hace falta insistir más en la tremenda importancia que tiene la memoria de trabajo. Si la atención es la antesala de la memoria de trabajo, esta a su vez es la antesala de la memoria a largo plazo. Y es en la memoria a largo plazo donde queremos que acaben todas las cosas que aprendemos, siendo estas significados de conceptos (memoria semántica) o maneras de hacer (memoria procedimental). Hablaremos de ellas en los capítulos siguientes. Para una revisión completa de los tipos de memoria y su importancia en el aprendizaje recomiendo el estupendo libro *¿Cómo aprendemos?* de Héctor Ruiz Martín. En resumen, podemos decir que tenemos una cantidad limitada de atención, que a su vez determina lo que se introduce en un conjunto de procesos de la memoria que son los que pueden llevar al aprendizaje.

Sobreestimulados

Hasta ahora, parece que queda claro que no dedicar suficiente atención a algo que se quiere aprender es una mala idea. Sin embargo, volvamos al ejemplo con el que empezábamos este capítulo: Laura y su dispersión a la hora de empezar a estudiar. El problema de ella no es que no haya querido dedicar atención a su estudio, sino que su problema, y el de muchos, incluyéndome a mí, es que en nuestro entorno hay numerosos estímulos que compiten por nuestra atención. De hecho, ya existe una conducta cada vez más habitual en la que demandamos a nuestro cerebro la atención a muchos estímulos a la vez, el famoso *multitasking* o multitarea.

Por eso, comprender nuestra atención nos lleva a una segunda clave: **maneja la atención como si fuera una jarra de agua que solo puede llenar del todo un vaso. Podemos rellenar varios vasos a la vez, pero solo renunciando a llenar uno completamente.** Por eso, durante el tiempo de estudio es fundamental que focalicemos la atención, quitando «vasos que llenar» de encima de la mesa y eliminando distractores. A menudo se apela a la fuerza de voluntad, pero hay algunas acciones previas que nos pueden ahorrar el tener que recurrir a la fuerza de voluntad. Por ejemplo, si deseamos dejar de comer donuts en casa, existe una manera fácil.

De hecho, sabemos que la sola presencia del teléfono móvil puede afectar al estudio de una lista de palabras. Solamente con estar encima de la mesa, y aunque el móvil esté apagado y no sea nuestro. Es fácil comprender el porqué: nuestra atención se dedica a mirar su pantalla, quizá percibirá algún brillo pensando que se enciende, nuestra insaciable curiosidad pulsará el botón… en resumen, nuestros limitados recursos atencionales estarán absorbidos por la sola presencia del aparato.

De hecho, una de las conclusiones de la investigación sobre la atención es que la multitarea no existe. Según lo que sabemos actualmente, en realidad lo que nos parece trabajar en varias labores a la vez no es más que enfocar la atención a una cosa, luego a otra, y luego vuelta a la primera. El problema es que, con cada cambio, perdemos eficiencia. Puede que creas que puedes realizar varias tareas a la vez, pero la investigación no apoya esta ilusión. Te invito a un sencillo experimento para comprobarlo: primero, recita las diez primeras letras del alfabeto, y luego los diez primeros números. Sencillísimo, ¿verdad? Ahora intercala cada letra con cada número: A1, B2, C3, y así sucesivamente las diez primeras. ¿Has notado una mayor lentitud? Esto es porque tienes que alternar entre dos redes neuronales distintas. Si en esta sencilla tarea se acumula un retraso, imagina lo que sucede al intentar responder un e-mail mientras hablas por teléfono: o haces una cosa, o la otra.

La pauta general es que se suele rendir más rápido y con más precisión si se trabaja en una sola tarea cada vez. Cualquiera que haya intentado escribir o preparar una presentación en el ordenador, mientras consulta el correo, mientras ojea las redes sociales de manera intermitente, puede comprender a qué nos referimos. Una pequeña y muy matizable excepción a este fenómeno ocurre cuando somos capaces de automatizar procedimientos. Pero incluso en fenómenos automatizados como andar o conducir, hablar por teléfono no es buena idea y disminuye la capacidad de reacción frente a sucesos imprevistos, y en algunos estudios hay indicios de que incluso caminamos más despacio.

Estas conclusiones son coherentes con estudios similares en torno a la atención. Por ejemplo, en condiciones de tráfico denso, Strayer y sus colegas descubrieron que las personas con teléfonos móviles en «modo manos libres» tardaban mucho más tiempo en frenar, en comparación con las del grupo que no poseía estos dispositivos y, por tanto, no perdía tiempo en utilizarlos. En otras pruebas, descubrieron que los participantes que utilizaban teléfonos móviles mostraban una ceguera atencional más acusada. Por ejemplo, la atención se reducía a la información que aparecía en el centro de su campo visual. Incluso si se utiliza un teléfono móvil con manos libres, la atención puede desviarse de una situación peligrosa que se tenga delante. Además, sabemos que, si eres el conductor, es mejor que no permitas que ningún pasajero mantenga una conversación por teléfono móvil. Esto nos distrae aún más que una conversación entre nosotros y nuestro pasajero, porque los conductores se distraen intentando adivinar el contenido de la otra mitad de la conversación.

Todo esto nos pone sobre alerta en sesiones de estudio o trabajo donde la atención fluctúa de un lugar a otro. Por ejemplo, cuando consultamos el móvil cada cinco minutos en una sesión de estudio de una hora; entonces, el tiempo total de estudio no es de una hora, sino bastante menos. O cuando estamos elaborando un trabajo en grupo mientras ideamos planes para el viernes. Recordemos que la memoria es el residuo del pensamiento: si mientras tecleamos en el ordenador un trabajo estamos hablando de la mejor hamburguesería de la ciudad, probablemente aprendamos mucho sobre el local, los precios y la deliciosa carne que tiene, pero muy poco sobre el contenido del trabajo.

Te invito a repasar, primero a solas y luego hablando bien con alguien que te ayude a objetivar, si en tus momentos de trabajo o estudio tu atención está suficientemente focalizada para aprender. Si estás llenando el vaso de agua de manera inadecuada, no te sorprendas si cuando vas a beber te encuentras con que únicamente contiene una pulgada de agua. Como dice el especialista en hábitos de larga duración James Clear (autor de *Hábitos atómicos*): «El ambiente es la mano invisible que moldea tu comportamiento».

Entonces, después de todo lo que hemos dicho, ¿cómo podemos hacer para mejorar nuestra capacidad de focalizar la atención?

Ideas clave del capítulo

1. Si te pasas todas las tardes estudiando y luego suspendes, ten cuidado con la explicación que atribuyes a esto. Probablemente no exista una única explicación.

2. Quizá no es que tengas poca capacidad, sino que no estás orientando tu atención de manera adecuada.

3. Por eso, maneja la atención como si fuera una jarra de agua que solo puede llenar del todo un vaso. Podemos rellenar varios vasos a la vez, pero entonces renunciamos a llenar uno completamente.

4. Evita entonces aquellas distracciones que te hagan perder tu valiosa y limitada atención. Anticipa aquellos objetos que son más distractores para ti y retíralos del entorno.

5. Controla el entorno para que te ayude lo máximo posible a enfocar tu atención a aquello que estás intentando aprender.

2.
Focalizando para llenar
el espacio en blanco

Hasta ahora hemos hablado de dos situaciones que pueden hacer que nos quedemos en blanco por culpa de la atención: **no poner suficiente atención, y tratar de prestar atención a demasiados estímulos**. Hablemos ahora de algunos aspectos que atraen nuestra atención y que, por tanto, pueden ayudar a mejorar la entrada de información en nuestro sistema de procesamiento de la memoria.

Como ya hemos visto, la atención es un recurso mental esencial, pero limitado. Millones de neuronas están constantemente controlando el entorno para tomar la decisión correcta a la hora de enfocar nuestra atención, las cuales funcionan como un filtro atencional. Trabajan fuera de nuestra consciencia, de manera que no procesan aquello que parece poco importante. Es decir, muchos procesos atencionales están fuera de la propia consciencia. Y esta es una idea clave, porque sí existen procesos atencionales conscientes. Por ejemplo, los dos principios esenciales del filtro atencional son el cambio y la importancia. Acostumbrados a que la atención se enfoque cuando se oye un sonido del móvil, o se enciende una luz en la pantalla, podemos terminar experimentando el mundo en modo «piloto automático», sin registrar las complejidades, matices y, a menudo, tampoco la belleza que se encuentra justo frente a nosotros.

Además, la multitarea, como ya hemos dicho, es uno de los enemigos principales del sistema atencional, y, sin embargo, le demandamos cada vez más a menudo que se focalice en varias actividades a la vez, algo para lo que no ha evolucionado, para lo que no se ha adaptado. Earl Miller, un neurocientífico del Instituto de Tecnología de Massachusetts (MIT) y uno de los mayores expertos en «atención dividida», lo expresa así: «Nuestros cerebros no están cableados para hacer bien las cosas a la vez, en modo multitarea». Explica que, aunque pensemos que realmente estamos ocupados en varias acciones a la vez, lo que sucede es que nuestro sistema atencional pasa de una cosa a otra a un coste muy alto. Así que no somos malabaristas expertos lanzando naranjas de una mano a otra, sino más bien somos como los malabaristas que manejan los platos locos, haciéndolos girar sobre unos palos. Vamos corriendo de un palo a otro para seguir dando impulso a los platos, sudando y temiendo que alguno de ellos se nos caiga.

Una vez dicho esto, está claro que necesitamos encontrar maneras de habituar a nuestra atención a focalizarse de forma consciente en aspectos que nos importan, durante un tiempo sostenido. En la atención es muy importante la expectativa: anticipar cuándo ponerla en juego. Por eso, cuando realizamos tareas que nos son familiares, dirigimos mejor nuestra atención. Sucede igual cuando realizamos una ruta por la montaña por primera vez: andamos cautelosos, consultando el GPS o el mapa cada cierto tiempo, para no perder la senda que nos lleve al objetivo. No sabemos cuánto tardaremos ni si estamos cerca. Sin embargo, cuando andamos por una ruta similar podemos disfrutarla más, porque predecimos, basándonos en lo que sabemos, que podemos admirar el paisaje hasta llegar a esas piedras, donde tendremos que utilizar más atención para no resbalar y caer.

Por cierto, no solo el cuándo utilizar la atención es importante, sino por cuánto tiempo. Existe la creencia incorrecta de que existe un tiempo prefijado de atención sostenida máximo, como los diez o veinte minutos que a veces se sugieren. Si fuera así, y no pudiéramos sostener la atención más de quince minutos, ningún director de orquesta podría interpretar el primer movimiento de la *Novena Sinfonía* de Beethoven, ni tampoco ningún piloto podría correr más de quince vueltas en el circuito durante horas, ni ningún carpintero podría montar los armarios de una cocina en una sola jornada de trabajo. Por tanto, no es correcto afirmar que la atención dura una cantidad prefijada de minutos.

Tiempo y hábitos

La idea de que la atención se puede enfocar nos lleva a plantearnos una pregunta muy interesante: ¿cómo enfocar la atención? La respuesta que nos proporcionan los expertos casi siempre es muy semejante: mediante el hábito. Esto puede resultar paradójico, porque cuando las empezamos, las rutinas requieren una buena cantidad de atención y esfuerzo adicionales. Al principio, nos falta fluidez y por eso pueden resultar incómodas. **Una estrategia para aumentar la probabilidad de que nuestra rutina sobreviva a esta fase vulnerable es centrarse en la constancia antes que en el desafío.** La constancia se refiere a la regularidad de nuestra ejecución de la rutina; mientras que el desafío se refiere a lo ambiciosos que somos con la utilidad de la propia rutina. Por tanto, trata de ser constante al empezar, aunque no te sea muy útil lo que sucede después.

Sería bueno que a estas alturas del libro comenzaras a desarrollar un cierto aprecio al término «rutina». Tal vez la publicidad nos haya bombardeado con mensajes sobre el valor de la espontaneidad, lo diferente y lo nuevo (ideas que curiosamente nos llevan a comprar más sin pensarlo mucho). Y la rutina parece semejante a un automatismo vacío y aburrido. Sin embargo, piensa en la cantidad de energía atencional que te ahorra. ¿Piensas cada mañana en qué brazo encajar primero en tu camisa? ¿O por qué zapato comenzar a atarte los cordones? ¿Prestas atención a cada movimiento muscular de tus pies al bajar la escalera? Si conduces un coche o una bicicleta, ¿renuncias a la rutina automática? Por eso, aprende a apreciar las rutinas.

Por ejemplo, comienza por establecer un horario fijo y preestablecido de estudio. Como dice el psicólogo cognitivo estadounidense Daniel T. Willingham en *Outsmart Your Brain* («Sé más listo que tu cerebro», 2023), el tiempo dedicado no debe depender de unas tareas determinadas. Es mejor establecer un tiempo, igual que harías en el trabajo. Si tienes que trabajar de ocho de la mañana a tres de la tarde, por ejemplo, sabes que tienes que ajustarte a este tiempo (quizás en un mundo ideal) para completar todas las tareas que te encomiendan. El estudio debería enfocarse de una manera parecida, reservando un hueco para trabajar todos los días, que debería ser siempre más o menos el mismo. De esta manera, aunque al principio no sea el tiempo más eficiente del mundo, generas un hábito de ponerte a las seis de la tarde y acabar a las ocho, por ejemplo. Recuerda que la expectativa de la atención es importante: en estas dos horas vas a esforzarte por enfocar tu atención sostenida. Otra ventaja de esta forma de organizarse es que acabas dedicando tiempo a adelantar trabajos y a planificar, porque al final esas dos horas vas a estar dedicado a ello. Elimina la tentación de pensar «hoy no tengo nada que hacer», cuando en el fondo lo que muchas veces quiere decir es «hoy no tengo nada urgente que hacer».

Esta forma de planificar acostumbra a nuestra atención a un esfuerzo sostenido para poder realizar con más facilidad una tarea importante. En este sentido, lo que consigues no es ponerte a escribir un libro porque acabe el plazo de entrega, sino porque hay una hora al día que dedicas a escribir un libro. Al principio resulta un poco tedioso, pero te aseguro que es una buena forma de escribir un libro mientras trabajas y atiendes a tu familia (eso sí, tal vez la hora de escritura acaba siendo muy nocturna). En definitiva, no solo consigues dedicar tiempo a una tarea que es importante para ti, sino que consigues establecer el hábito de utilizar la atención de forma sostenida durante un período de tiempo prefijado. Esto, como habrás podido deducir de todo lo que hemos dicho hasta ahora, no tiene precio a la hora de conseguir tus metas.

La idea subyacente es que reservar un tiempo de estudio evita que cada día haya que tomar la decisión de ponerse a estudiar. Se trata de convertir el horario en un hábito que disminuya la demanda de fuerza de voluntad para ponerse a ello. Ya se ha decidido de antemano: de tal a tal hora vamos a estar dedicados a eso. Aquí nos encontramos con la primera clave de este segundo capítulo: **focalizar la atención debe convertirse en un hábito, y no depender de la fuerza de voluntad cada vez que decidimos enfocar nuestra atención para aprender algo.** Quizás el ejemplo más sencillo para entender esta idea lo podemos encontrar en acudir al gimnasio a realizar algún tipo de ejercicio. Si decidimos ir una vez a la semana, sin fijar día ni hora, a cada momento nos encontraremos con un «posible tiempo de ir al gimnasio». «Ahora podría ir, aunque tengo muchas cosas por hacer. Quizá mañana sea mejor, que además hará mejor tiempo…». Cuando decidimos ir al gimnasio el martes a las siete de la tarde reducimos nuestra demanda de fuerza de voluntad. Decidimos de antemano. Y si nos apuntamos a una clase grupal, mejor todavía: saber que hay un grupo esperándonos ayuda mucho a decidir acudir a esa actividad. Por eso, decide unos tiempos en los que estudiar, trabajar y repasar de antemano, y conviértelos en un hábito. Evidentemente, no vale con estar una hora delante del papel y ya está, nada más. En los capítulos siguientes hablaremos de cómo sacar el jugo a ese tiempo de trabajo, pero lo primero es lo primero: que decidir trabajar sea lo más fácil posible y no requiera una decisión compleja y diaria.

Uno de los propósitos que me animan a escribir este libro es desmitificar la fuerza de voluntad. La fuerza de voluntad aparece como una elección permanente en un mundo atestado de opciones confortables, pasivas y placenteras. Si reducimos las opciones, necesitamos menos fuerza de voluntad. Escribo esto pensando en Nacho, que me invitó a participar en algunos voluntariados de verano en mi juventud. Te levantabas pronto, te acostabas tarde y no parabas de trabajar en todo el día. Pero como todo el mundo lo hacía, y se veía lo normal, simplemente seguías el ritmo. Al volver a casa, te preguntabas: ¿cómo he podido hacerlo? Pues no ha sido gracias a una fuerza de voluntad estoica, sino precisamente gracias a que los hábitos del lugar hacían que ni siquiera tuvieras que recurrir a la fuerza de voluntad.

Te invito a recordar dos o tres momentos en los que tengas que recurrir a tu fuerza de voluntad para realizar una acción. ¿Hay algo que puedas automatizar? ¿Puedes preparar de alguna manera el entorno para que resulte más sencillo comenzar?

En este sentido, existen algunas personas que tienen verdaderas dificultades a la hora de ponerse a estudiar cuando están solas. Simplemente, hay demasiadas cosas a su alcance: el móvil, la videoconsola, la televisión, las series... Es importante preguntarse sinceramente: ¿aprovechas el tiempo cuando estás solo?, ¿lo aprovecharías mejor en otro espacio, con gente que te ayudase a estudiar? Si dudas ante estas preguntas, haz la prueba: pasa una semana estudiando en una biblioteca (mejor si no conoces a nadie que también acuda a la misma). Más adelante volveremos a esta idea, pero tu entorno va a resultar importante para no depender en exceso de tu fuerza de voluntad.

A propósito del tiempo de estudio, me gustaría matizar que el número de horas debe ir acorde al objetivo final, por supuesto. No es lo mismo estudiar una oposición que un tema para la asignatura de Lengua de 2.º de Secundaria. También influye el soporte familiar que puede ser necesario en niños que todavía no son autónomos en su trabajo. De hecho, el tiempo de estudio en educación Primaria debería ser siempre un trabajo de revisión de lo aprendido en clase, y nunca un momento de trabajar cosas nuevas.

La ineficacia de los deberes en educación Primaria se ha demostrado en numerosas investigaciones, recogidas, por ejemplo, en el documento de la Education Endowment Fund del Reino Unido en su informe sobre tareas escolares en casa.

En etapas posteriores, probablemente, muchas de las academias y clases particulares lo que consiguen fundamentalmente es esto: reservar un espacio constante y semanal al trabajo en ciertas materias. Si quieres establecer un hábito, en este caso el hábito de dedicar un tiempo a aprender algo, lo primero es reservar un tiempo para ello, y eso no se puede dejar a la fuerza de voluntad de cada día. Siempre se encontrará algo más urgente, o más atractivo, que hacer.

En resumen, estudiar de seis a siete de la tarde todos los martes es lo que podemos llamar «un hábito». **Un hábito o rutina es básicamente una cadena de acciones que se ejecuta a partir de una señal (o indicación), todo ello con un esfuerzo cognitivo o un control consciente mínimo.** Consiguen esta eficiencia cognitiva eliminando los costes de decisión, reduciendo la cantidad de información nueva que hay que procesar y explotando nuestra capacidad de pensar menos en las cosas que hacemos repetidamente.

Cuando suena el despertador por la mañana, nos levantamos, nos duchamos, nos vestimos y desayunamos sin pensar en ello. La eficiencia cognitiva de este flujo es asombrosa. A veces paso las primeras horas de la mañana en piloto automático, y solo despierta mi consciencia cuando me siento a desayunar con mi familia. Las rutinas son especialmente poderosas porque, como vamos diciendo, la atención humana es muy limitada. En resumen, las rutinas redistribuyen la atención. Ahora bien, a menudo se dice que las rutinas matan el aburrimiento y la creatividad, pero estoy bastante seguro de que esto no es del todo cierto. Las rutinas eficaces pueden garantizar el éxito y actuar como antídoto contra el aburrimiento. Además, tienden a aumentar la confianza y la sensación de seguridad, y liberan la valiosa capacidad mental necesaria para que florezca la creatividad. En general, las rutinas son positivas cuando permiten dedicar un esfuerzo mental a otra cosa.

Mientras escribía este libro estuve analizando algunos documentales sobre personas que la mayor parte de la gente clasificaría como genios creativos. Analicé varias series dedicadas a grandes profesionales de la cocina, una serie dedicada a uno de los grupos más famosos de la historia (Los Beatles) y otra serie dedicada a grandes arquitectos. Podríamos pensar que los genios de la alta cocina, de la música y de la arquitectura tienen una creatividad desbocada, y, sin embargo, analizando esos documentales y leyendo después la biografía de alguno de ellos, es muy interesante comprobar la cantidad de rutinas imprescindibles. De hecho, en uno de los capítulos un chef con tres estrellas Michelin afirma sin tapujos: «La creatividad es rutina, trabajo y reflexión».

Lejos de la tentación

Decía el premio Nobel de Economía en 1978 Herbert Simon, politólogo y economista: «Lo que la información consume es bastante obvio: consume nuestra atención. Por eso la abundancia de información puede crear una escasez de la atención. Así que necesitamos dedicar esa atención de manera eficiente entre la sobreabundancia de fuentes de información que la pueden consumir».

Una vez que hemos establecido un tiempo, llega el momento de optimizarlo. Y aquí hay otras dos ideas fundamentales. Por un lado, es necesario eliminar tentaciones. De nuevo, **la idea es no tener que ejercer la fuerza de voluntad de no mirar el móvil cada dos segundos. Simplemente, aléjalo de allí, ponlo en un lugar donde no oigas las notificaciones o utiliza el modo avión.** Si tienes que estudiar con un ordenador o tableta, lo mejor es poner el modo avión para evitar consultar las redes sociales. Puedes programar el tiempo de uso para que no puedas estar más de cinco minutos en esas aplicaciones, o incluso las puedes borrar. Como llevamos diciendo en todo este capítulo: «**No es aconsejable fiarse de la fuerza de voluntad**». Adelantar la tentación, eliminándola, es lo que suele resultar más eficaz. Una vez más: «El ambiente es la mano invisible que moldea nuestro comportamiento».

En un famoso experimento de los años cincuenta, James Olds y Peter Milner implantaron un pequeño electrodo en el cerebro de algunas ratas, concretamente en el núcleo accumbens. Esta región cerebral es la encargada de regular la producción de dopamina, lo que desencadena la activación de los circuitos relacionados con el placer. Colocaron también un pequeño mecanismo en su habitáculo, por el que las ratas podían mandar una señal estimuladora al núcleo accumbens cada vez que pisaban una palanca. ¿Qué pasó con las ratas? Pues parece que les gustó mucho el experimento. De hecho, no podían dejar de presionar la palanca. Murieron de hambre y agotamiento. Este es el poder de la dopamina, y así funciona el circuito de recompensa que se emplea para diseñar las aplicaciones y juegos que tenemos en nuestros dispositivos.

No sé si algún día llegaremos a morir de hambre estando toda la tarde mirando fotos y *likes*, pero sí podemos acabar con nuestra capacidad de trabajo. Por tanto, el móvil, mejor fuera de la habitación. Si vas a una biblioteca, se puede utilizar una capucha que ayude a centrarse en los apuntes en lugar de estar mirando a la gente que hay alrededor. Aunque, como ya dijimos, estar rodeado de gente que estudia ayuda a concentrarse, porque tendemos a imitar las normas sociales que nos rodean. Eso sí, es importante considerar también si las compañías de la biblioteca facilitan o entorpecen nuestra atención. Hemos sido educados con el mensaje de que la presión de grupo es terrible, algo a evitar, algo siempre negativo. La presión de grupo se refiere a gente tratando de que fumes o tomes drogas. Pero también funciona en sentido contrario: la presión de grupo positiva no es algo a evitar, sino a cultivar en la dirección positiva. Por ejemplo, una antigua alumna me contaba que se conecta a un canal de YouTube en el que una chica estudia Medicina. Mientras estudia, al levantar los ojos, en su pantalla aparece otra persona como ella que está estudiando. Según me contaba, estaba ganando mucha popularidad porque a ella y a muchos otros los estaba ayudando a estudiar. Como otras veces, te invito a adoptar una cierta actitud experimental: prueba durante una semana a irte a una biblioteca de otro barrio, a conectarte a canales parecidos o a estudiar en un sitio diferente. ¿Has aprovechado mejor el tiempo?

Hay una idea clave que me gustaría que te llevaras de este libro: **las personas con mayor autocontrol son aquellas que han estructurado su vida de forma que tienen que utilizarlo muy poco.** La idea de apagar el teléfono y dejarlo siempre en el mismo cajón es una forma de no tener que controlarte cada vez que suena una notificación, por ejemplo. Si estás jugando mucho a la consola, guárdala en un armario después de usarla. Ponte difícil caer una y otra vez en lo que distrae tu atención.

Sin embargo, también resulta necesario matizar que tal vez no necesitas siempre enfocarte muchísimo en una tarea. Cuando se trata de algo repetitivo, simple, y que no es fundamental y no demanda atención sostenida, entonces tal vez tener cerca el móvil y abrir algunas pestañas del navegador no sea tan mala idea. Pero si necesitas a tu cerebro a tope de concentración, entonces tu objetivo es esa atención sostenida, focalizada y singular. Y esto, sucede, por ejemplo, en:

1. Tareas que requieren mucho pensamiento (como estudiar).
2. Tareas que produzcan un riesgo por una falta de atención que pueda ser peligrosa (como conducir un coche).
3. Una actividad crítica y de alto valor (por ejemplo, cuidar las cenas familiares).
4. Algo temporalmente acuciante (terminar una tarea para mañana a primera hora).

La satisfacción de elegir lo imprescindible

Por otro lado, me gusta mucho una idea del politólogo Herbert Simon expresada como *satisficing*: **hay opciones a las que no merece la pena dedicar mucho tiempo, simplemente elige algo suficientemente bueno, sin perder la enorme cantidad de tiempo que conllevaría encontrar la mejor opción.** Por ejemplo: elijo un bolígrafo sin dedicar diez minutos a pensar de qué color o cuál grosor es el mejor. Uno que funcione, pinte bien y no se gaste enseguida. Nuestros cerebros sufren «sobrecarga de decisiones» cuando hay demasiadas cosas para elegir. Por ejemplo, un estudio muestra indicios de que para elegir casas podemos asimilar diez ítems. Por encima de este número no es que la capacidad no mejore, es que empeora. Muchas decisiones triviales en la cotidianidad crean fatiga neuronal, reducen el control de los impulsos y el juicio racional: la red de toma de decisiones de nuestro cerebro no prioriza. No gastes tiempo en elecciones superficiales.

Pienso en ello a menudo mientras conduzco por mi ciudad. Cuando llego a un atasco y me encuentro con cientos de coches en un embotellamiento, dudo durante varios minutos si tomar otro camino o no. Así que, cuando decido tomar otro camino, ya he perdido quince minutos pensando si cambio mi ruta o no. A menudo el tiempo que empleo tomando la decisión es el tiempo que hubiera ahorrado tomando otro camino, pero más rápidamente. Por lo que hablo con la gente, parece que con el estudio sucede algo parecido: después de gastar media hora en acomodarse y decidir cada detalle y pormenor, la frustración de perder el tiempo impide una adecuada concentración otros quince minutos. Y se inicia un bucle de sentimiento de culpa, pérdida de tiempo y desconcentración. La mejor manera de parar ese bucle es al principio: empieza siguiendo siempre una rutina y coloca las cosas con rapidez y decisión. Al comienzo te sentirás incómodo, eso es buena señal. Y significa que estas cambiando un hábito (malo) por otro (bueno).

Lo más probable es que al intentar este tipo de cosas el efecto no se perciba desde el principio. En la fase de automatización de una rutina ocurren varias cosas: por un lado, tenemos que invertir atención y esfuerzo adicionales para apoyar el cambio, especialmente en contraste con nuestra pila de hábitos existente. Además, al inicio, carecemos de destreza en las nuevas técnicas, por lo que a menudo pueden parecer torpes y poco naturales. Cuando se combinan, estas cosas pueden llevar a una sensación (y muy posiblemente a una realidad) de disminución de la eficacia. No acabamos de ver el sentido, y abandonamos. Sin embargo, este esfuerzo no se está desperdiciando, simplemente se almacena. Al mantenernos firmes, llegará un punto de inflexión (en eso precisamente consiste la automatización) en el que los beneficios empezarán a compensar la inversión. A partir de ese momento la rutina compensará con creces. Habrás cruzado lo que James Clear (especialista en hábitos de larga duración) llama «el valle del potencial» y estarás liberando todo ese esfuerzo acumulado. Pero para llegar allí hay que prepararse para un período de mayor esfuerzo, incomodidad y menor rendimiento. Hay que gestionar las propias expectativas.

El estado de flujo

Finalmente, existe otro aspecto de enfocar la atención que nos puede ayudar a no quedarnos en blanco: hablo del concepto de *flow*, que propuso el psicólogo húngaro-estadounidense Mihály Csíkszentmihályi. Se trata de «un estado mental que se produce cuando una persona está completamente inmersa en una actividad desafiante y significativa que le proporciona una sensación óptima de enfoque y satisfacción». Según lo que hemos desarrollado hasta este momento, ya se puede anticipar que la concentración intensa genera muchas oportunidades de aprendizaje. Como dice el propio autor, esto nos permite diferenciar entre placer y gozo. El **placer** es el disfrute inmediato, cuando, por ejemplo, nos comemos un helado de nuestro sabor favorito. El **gozo** requiere de una inversión de la atención, que resulta de una experiencia totalmente distinta, cuando, por ejemplo, un experto catador de chocolate está saboreando ese mismo helado.

¿Se puede llegar a sentir este *flow* mientras se está estudiando o trabajando? Depende de la capacidad de formar el hábito, pero no deberíamos desechar la idea tan rápidamente. Con el tiempo, estar inmersos en la lectura de un tema debería llevarnos a un cierto gozo, al menos el gozo de que somos capaces de enfocar nuestra atención durante un período prolongado de tiempo.

El aprendizaje eficiente consiste en hacer que la información tenga sentido para nosotros. Por eso, para mantener la atención es esencial preguntarse a uno mismo: ¿cómo encaja esto en lo que ya sabía?, ¿qué significado tiene para mí? Cuando lees un capítulo de un libro o asistes a una clase, considera que la información que te presentan es un camino que recorres hacia un nuevo conocimiento. Sé consciente de cómo los datos que te encuentras en ese camino están unidos y en conjunto forman un nuevo esquema. La atención requiere esfuerzo, es un proceso consciente que necesita entrenamiento.

Quisiera retomar aquí algo que ya dijimos en el primer capítulo: la capacidad de atención de cada uno es variada. Puede estar determinada por la presencia de trastornos que provocan mucho sufrimiento en familias y niños. Sin embargo, todos podemos beneficiarnos de las estrategias planteadas en este capítulo. Y con esta idea me gustaría concluirlo: **nuestra capacidad de focalizar la atención no es fija e inmutable.** **Todas las personas tenemos la posibilidad de crecer y mejorar en este sentido**, aunque algunos con más ayuda y soporte que otros. Sin embargo, me gustaría pensar que este libro es un granito de arena que contribuye a desmitificar un diagnóstico que no puede acabar siendo nuestra identidad. Somos mucho más que eso. Somos también lo que nuestros hábitos nos permiten alcanzar, por ejemplo. Contar a nuestro alrededor con personas (profesores, familiares, amigos) que demuestran confianza en que nos irá bien, y que nos ayudan a poner medios para ello, es la mejor prueba de que lo que hasta ahora se ha expuesto está escrito también pensando en esas personas.

Leer siempre es beneficioso

Hablar sobre mejorar nuestra atención implica hablar necesariamente de la lectura.

Uno de los mitos sobre la lectura que debemos desmontar es la afirmación de que lo importante es la «lectura rápida». Como en todos los mitos o creencias erróneas, hay granos de verdad en los que algunos comerciales han asentado métodos de dudosa eficacia. Intenta responder a esta pregunta: ¿cuántos animales de cada especie metió Moisés en el Arca? Si has respondido «dos», tal vez tengas que volver a leer la frase para caer en la cuenta de que fue Noé y no

Moisés quien trasladó y transportó animales a su arca ante el inminente diluvio.

Este ejemplo lo escuché por primera vez en una charla de Helena Matute, autora del libro *Nuestra mente nos engaña*, y es un buen ejemplo de que la sola noción de lectura rápida es problemática y no ofrece lo que verdaderamente deseamos de nosotros mismos lectores. La tasa de lectura habitual es de 240 palabras por minuto. Si quieres, puedes echar un vistazo a 2000 palabras por minuto; pasando los ojos rápidamente sobre ellas incluso llegarás a decodificar parte de su significado. Sin embargo, no podrás llegar a comprender totalmente lo que has leído, a no ser que se trate de un texto extremadamente fácil o que ya conoces.

Alex Quigley, exprofesor británico y en la actualidad investigador de la educación, y autor de varios libros sobre enseñanza de la lectura y escritura, afirma que cuando lees a más de 240 palabras por minuto no estás leyendo realmente, sino que lo que haces es *skimming*, y que traducido significa «pasar rozando», o lo que es lo mismo, **leer rápida y superficialmente para quedarte con una idea general de lo que lees, o «escanear» para encontrar una parte concreta de información.** Estas estrategias son muy útiles cuando tienes un texto enorme del que quieres extraer alguna idea suelta, pero no se consigue una comprensión profunda de textos complejos o muy densos de los que aprender en profundidad. ¿Cuál es la velocidad más alta que se ha conseguido con comprensión total del texto? Más o menos unas 600 palabras por minuto, pero solo en algunos casos excepcionales.

Por eso, la lectura comprensiva es una forma fenomenal de educar nuestra atención a nuestra propia velocidad de procesamiento del lenguaje escrito, sin trompicones ni avalanchas.

Por todo lo que hemos dicho hasta ahora, necesitamos comprender las diferencias sutiles entre leer rápidamente y leer con fluidez. La fluidez lectora se refiere a no tener que des…co…dificar… lenta…mente… los so…ni…dos… individuales porque las palabras se reconocen automáticamente (perdón por la incomodidad lectora, era un ejemplo). Ser capaz de descodificar fluidamente libera capacidad de la memoria de trabajo para comprender lo que se está leyendo. En lugar de buscar la lectura rápida deberíamos procurar la fluidez lectora. La fluidez lectora es fácil de describir cuando escuchamos a un locutor de radio leyendo en alto un libro en el Día del Libro (por cierto, da igual cuándo leas esto: felicidades en ese magnífico día). La fluidez permite también incluir elementos de entonación, volumen y pausa que se ajustan a lo que se está leyendo.

Según Alex Quigley, para que una persona lea un texto de forma autónoma necesita reconocer con un 95 % de precisión las palabras. A medida que la persona necesita concentrarse en reconocer palabras que desconoce su capacidad para comprender el texto disminuye. Por eso la cantidad de vocabulario se relaciona con la comprensión lectora.

No leemos tan fluidamente como pensamos. La aparente fluidez de un lector experto oculta una verdad un tanto diferente. El estudio del movimiento de ojos revela que, a medida que leemos, los ojos van realizando saltos rápidos llamados «movimientos sacádicos», que duran de 20 a 40 milisegundos y que se intercalan con pequeñas pausas en letras y palabras concretas. Estas pausas se llaman «fijaciones» y duran entre 200 y 250 milisegundos.

Lo interesante es que los lectores novatos en el tema presentan muchas más fijaciones, porque tienen que pausar para reconocer las palabras, oraciones y frases completas. Sus movimientos sacádicos, además, vuelven para atrás (regresiones) con frecuencia a las palabras con las que han tenido dificultad. Cuanto peor se lee, más regresiones ocurren.

La lectura es uno de los comportamientos más complejos que puede realizar el ser humano. La lectura implica la coordinación de los sistemas visual, lingüístico, oculomotor y atencional. Todos estos sistemas deben funcionar juntos para que el lector pueda tomar una decisión sobre si debe mover los ojos hacia una nueva palabra o si debe recoger más información continuando con la fijación en el mismo lugar. Y esta decisión debe tomarse con rapidez, ya que la fijación media en una palabra es de solo 200 o 250 milisegundos (véanse las revisiones de Clifton y Staub para un análisis más detallado de los factores que influyen en los patrones de los movimientos oculares durante la lectura).

Y acabamos de nuevo con la atención: la importancia de la atención selectiva en el proceso de lectura resulta evidente después de nuestro análisis de los movimientos oculares durante la lectura. Debemos fijar una palabra el tiempo suficiente para reunir toda la información necesaria antes de seguir adelante. Y, mientras está recogiendo información del texto en el que está fijada, también debemos tomar una decisión sobre dónde mover los ojos a continuación. Por eso, **la lectura es el mejor entrenamiento para la atención de arriba abajo** (*top-down*).

En definitiva, la lectura es un ejercicio cognitivo que estimula diversas propiedades del cerebro relacionadas con la atención. A medida que seguimos el hilo de la narrativa o el argumento, nuestras habilidades de concentración se fortalecen. Al hacerlo, entrenamos nuestra mente para resistir las distracciones externas y mantenernos enfocados en una sola tarea durante períodos de tiempo más prolongados. Además, a diferencia de las redes sociales o la televisión, donde se nos presenta una gran cantidad de contenido breve y fragmentado, la lectura nos permite sumergirnos en textos más largos y complejos. Este proceso nos obliga a dedicar un tiempo considerable a un tema específico, lo que desarrolla nuestra capacidad de atención sostenida. Asimismo, la lectura nos desafía a comprender y procesar información de manera activa. A medida que avanzamos en una historia o exploramos un tema en un libro, nuestro cerebro debe realizar constantemente un análisis crítico y una interpretación personal. Esta actividad mental nos ayuda a ejercitar nuestra capacidad de concentración y a desarrollar nuestra capacidad para retener y sintetizar información.

Ideas clave del capítulo

1. No dependas de tu fuerza de voluntad, construye hábitos (como retirar el móvil de la habitación). Las personas con mayor autocontrol son aquellas que menos tienen que utilizarlo.

2. Estima el tiempo que vas a dedicar al aprendizaje y resérvalo en tu horario, fijando horas y días de la forma más concreta posible. De esta manera podrás terminar lo que te propones, y acostumbrarte a ampliar tus objetivos si te sobra tiempo.

3. No pierdas tiempo en decisiones donde las alternativas son suficientemente buenas, y evita gastar una enorme cantidad de tiempo en encontrar la mejor opción en elecciones superfluas.

4. Leer te entrenará para poder utilizar la atención sostenida cuando la necesites.

Es el momento de concretar...

Cuando pase _____ entonces haré _____.

En este momento _____ dedicaré _____ horas a _____
_____.

Voy a dedicar a la lectura _____ horas a la semana, distribuidas de la siguiente manera: _____

_____.

Mis principales distracciones cuando estoy aprendiendo son
_____ y trataré de evitarlas de esta manera: _____

_____.

3.
En blanco
por falta de memoria

Alex se ha encerrado en su habitación hace una hora y media. Ha dejado toda distracción fuera de su cuarto y ha abierto el libro con decisión. Durante esos largos noventa minutos no ha hecho otra cosa que leer y releer cada página del libro. Al final de los noventa minutos abre el libro de nuevo por la página inicial. Sus ojos recorren en diagonal las páginas mientras siente la satisfacción de un tiempo bien empleado. Lo cierra y decide ir a ver un rato una serie de televisión como premio a su trabajo.

Al día siguiente, Alex se encuentra confuso y bastante agobiado delante de un papel en blanco. Ayer era capaz de reconocer cada página del libro, pero al leer las preguntas no comprende nada. ¿Esto dónde estaba en el libro? ¿De dónde se han sacado estas preguntas? Desesperado, hace un esfuerzo enorme por tratar de recordar. Y lo consigue: se acuerda de sí mismo delante del libro ayer por la tarde, pero… ¿qué había dentro de las páginas?

La estructura de la memoria

Aunque ya hemos hablado de la memoria en el primer capítulo, este será el tema central que ahora nos ocupa. Ya hemos introducido el papel clave de la atención en el procesamiento de la información, y ahora vamos a distinguir entre la memoria de trabajo y la memoria a largo plazo. Recordemos primero la figura.

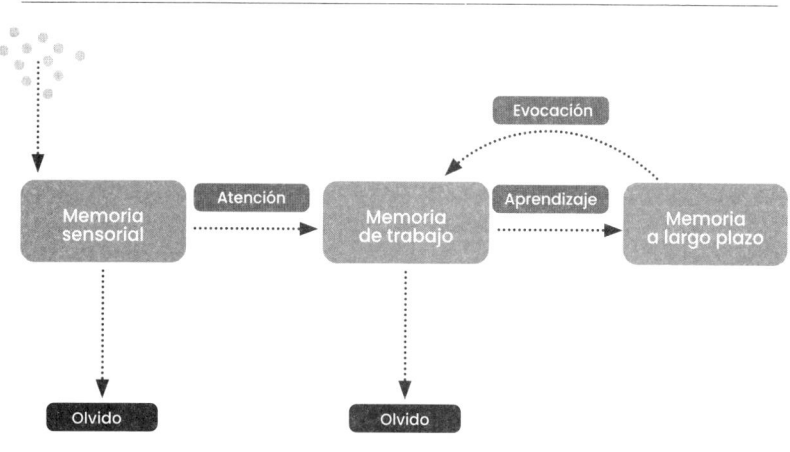

Figura 1. Una aproximación al modelo de memoria de Alan Baddeley y Graham Hitch.

En este capítulo nos centramos en qué hay en la memoria. Es decir, si tuviéramos una lupa para mirar el contenido de la memoria de trabajo y la memoria a largo plazo, ¿qué veríamos dentro? Si me hubieran hecho esta pregunta cuando estudiaba la carrera y me desesperaba por no aprovechar el tiempo, probablemente habría contestado que nuestra memoria se parece a una biblioteca o una cámara de vídeo, con cientos de ficheros o libros bien ordenaditos esperando que los necesitemos para sacarlos de ahí y recuperarlos. Y, sin embargo, nada más lejos de la realidad. Como nos explica el psicólogo Alan Baddeley en su libro *Memoria*, la memoria siempre se estructura en forma de redes y conexiones entre ideas y conceptos. De hecho, la memoria configura incluso la manera en la que funciona nuestra atención. Imagínate que llegas a una conferencia sobre un tema del que no conoces nada, y que en las paredes hay muchísimos gráficos y figuras con información que parece muy relevante. Tu memoria es incapaz de dirigir tu atención con sentido, y, por tanto, estás muy perdido porque no sabes a dónde mirar. Esto puede pasar muy a menudo cuando nos faltan los conocimientos previos que forman los cimientos de lo que vamos a aprender y, por tanto, ni siquiera sabemos a dónde dirigir nuestra atención. Somos como estudiantes de japonés avanzado que no saben ni una palabra de japonés. Por eso, es importante hacer algo que nos resulta tedioso y poco motivador: dar unos pasos hacia atrás y preguntarse por lo que necesitamos saber para aprender mejor de un tema.

Por eso la memoria no se parece en absoluto a una biblioteca, en la que puedes sacar cualquier libro en cualquier momento. Si fuese así y tuviéramos que seguir con esta imagen, sacar un libro sería más o menos complicado en función de lo que sepamos de ese libro. Hay algunos libros que no podríamos sacar nunca de la estantería, como si estuvieran fijados con pegamento a la madera de la librería. Otros, en cambio, saldrían como flotando, leves y ágiles, porque se parecen mucho a cosas que ya sabemos. Aun así, no voy a seguir con esta imagen porque la memoria realmente se parece poco a una biblioteca. Para llegar a la memoria a largo plazo, aquello que queramos aprender tiene que pasar, gracias a la atención, por la memoria de trabajo. Llamamos memoria de trabajo a un conjunto de procesos que operan con la nueva información tratando de conectarla en la vasta red de conexiones, que, como decíamos, forman parte de la memoria a largo plazo. Esto posee muchas implicaciones para nuestro aprendizaje. Vamos a desarrollar las más importantes para evitar que nuestra memoria se quede en blanco cuando más la necesitamos.

Recordamos en clave de red

Nuestro cerebro codifica la información en pequeños fragmentos imitando la forma de trabajar de los productores de cine: cada trozo debe tener un inicio y un final, segmentando lo que hacemos y lo que vemos. De este modo, los proyectos a largo plazo se convierten en manejables y podemos establecer próximos pasos a tomar. Además, al segmentar de esta manera conseguimos almacenar y recuperar esos recuerdos en medio de la maraña de relaciones infinitas que podríamos establecer a partir de ellos. De hecho, otra cosa que hace nuestro cerebro es establecer jerarquías de las representaciones de la realidad. Por ejemplo, si recordamos el desayuno de ayer (que tuvo, como hemos dicho, un inicio y un final) podemos recordar que fue agradable y tranquilo porque era sábado. Bajando un nivel, si nos preguntamos por lo que comimos en concreto, pensaremos en la tostada con aceite de oliva y tomate. Y si alguien nos pregunta por el aceite, tal vez recordemos a nuestro amigo Silvio, de Cádiz, que nos regaló una botella de aceite de la cooperativa de su padre en Ronda. Como vemos, la relación jerárquica es clara: el desayuno, con su inicio y su final, contiene a su vez otros elementos delimitados, como la tostada, y este elemento a su vez contiene otros: en este caso el aceite.

Esta recopilación y clasificación de la memoria ocurre en el hipocampo. Los recuerdos recién adquiridos son endebles (como experimentamos demasiado a menudo), y requieren por eso de un proceso de fortalecimiento y consolidación que los convierten en más resistentes a las interferencias y más accesibles para su evocación. Que un recuerdo sea accesible significa que podemos recuperarlo a partir de varios caminos. Imagina, por ejemplo, que ayer estuve comiendo en un restaurante japonés que nos gusta mucho a Mónica y a mí. Preguntas como: ¿has cenado alguna vez en un japonés?, ¿cuál fue la última vez que comiste pescado?, o ¿has salido a cenar con ella recientemente?, van a provocar recuerdos parecidos de esa comida. Para que esto ocurra, el cerebro tiene que analizar la experiencia después de que suceda, extrayendo y clasificando la información de forma muy compleja. De hecho, también tiene que integrarla en la vasta red conceptual que ya existía antes. Por eso puedo decidir de postre un mochi de frambuesa sabiendo que ella va a querer compartirlo conmigo.

Voy a insistir varias veces en esta idea porque me parece esencial: para aprender es necesario que demos sentido a lo que estamos aprendiendo, convirtiéndolo en un «trocito» con significado en la memoria de trabajo, que se integre luego en una amplia red de trocitos relacionados entre sí, que son los que están alojados en la memoria a largo plazo. Cuando te pongas a estudiar algo, empieza por preguntarte: ¿cómo encaja esto en lo que ya sé?, ¿qué principio y final le puedo dar a esto? Convertirlo en algo con un principio y un final ayuda a integrarlo en la memoria, pero ese principio y final son como los enganches entre los vagones de un tren: no acaba y empieza ahí. ¿Qué es lo anterior? ¿Qué es lo siguiente?

Leyendo un tema de un libro, incluso un capítulo de este que tienes en las manos, quizá te genere la idea de que el conocimiento es como una secuencia lineal que uno va recorriendo de principio a final. Sin embargo, es muy difícil aprender largas secuencias de información, de principio a final. Simplemente, nuestra memoria no es un cúmulo de rollos de papel enrollados, cada uno dedicado a un tema, como la Gran Biblioteca de Alejandría. De hecho, siempre me ha gustado la expresión «esto es un rollo» cuando algo te resulta aburrido, y es que en el fondo los rollos no nos gustan, porque al llegar al final es probable que se te haya olvidado lo que contenía el principio del rollo.

Resumiendo, para lo que nos importa a nosotros: aprender es conectar una parte que se integra en un todo. Esa parte debe tener un principio y un final coherente, para integrarse en ese todo de manera coherente también. Y ahora, sustituye coherente por «con significado en el conjunto de todo lo que ya sabes».

La memoria de trabajo

Esto de trocear en partes tiene un término concreto en inglés, *chunking*, que fue propuesto por el psicólogo estadounidense George A. Miller en su artículo clásico de 1956 sobre la memoria de trabajo titulado «The Magical Number Seven, Plus or Minus Two: Some Limits on Our Capacity for Processing Information». En este artículo propone esta estrategia cognitiva que consiste en agrupar la información en unidades significativas más pequeñas, conocidas como *chunks* o, literalmente, «trocitos», para facilitar el aprendizaje y la retención de la información. Utilizar el *chunking* en el proceso de aprendizaje tiene varios beneficios.

En primer lugar, esta estrategia permite procesar la información de manera más eficiente. Como ya hemos dicho anteriormente, nuestro cerebro tiene una capacidad limitada de procesamiento de información. En concreto, es la memoria de trabajo la que tiene una capacidad limitada y, al dividir la información en trozos más pequeños, se reduce la carga cognitiva, lo que facilita la comprensión.

Además, ayuda a organizar la información de manera más significativa. Al agrupar elementos relacionados en estos trozos se establecen conexiones y se crea un contexto que facilita la comprensión global del tema. Esto permite ver las relaciones entre los conceptos y facilita la recuperación posterior de lo que se ha aprendido en el futuro. Otro beneficio es que facilita la transferencia de conocimientos; al aprender y recordar conexiones de información en lugar de elementos aislados se fomenta la comprensión profunda y la capacidad de aplicar los conocimientos en diferentes contextos.

En este sentido, cada trozo actúa como un bloque de construcción, como ladrillos o piezas de la famosa marca de los ladrillos que pueden combinarse y utilizarse en diferentes situaciones, lo que promueve la flexibilidad cognitiva. Por último, el uso de esta estrategia favorece la automatización y la fluidez en el aprendizaje. Al agrupar información, se reduce la necesidad de procesamiento consciente y se mejora la velocidad y precisión en la ejecución de tareas. Esto es especialmente útil en habilidades complejas como lectura, matemáticas o música, donde la fluidez es esencial, como ya explicamos en el capítulo anterior al hablar sobre lectura.

En resumen, trocear la información y visualizar como pequeños trozos relaciones entre sí es una estrategia poderosa para aprender, ya que mejora la eficiencia cognitiva, facilita la organización y comprensión de la información, promueve la transferencia de conocimientos y fomenta la automatización y la fluidez en el aprendizaje. Al utilizar el *chunking* podemos optimizar nuestro proceso de aprendizaje y mejorar nuestros resultados. Crear esquemas es una técnica ampliamente utilizada en situaciones de aprendizaje, pero generalmente no se aprovecha todo el potencial que esconde esta técnica. Porque no se trata de transcribir lo que se ha leído o escuchado, sino crear unidades de significado (*chunks*) y expresar las relaciones que existen entre ellas. Por ejemplo, es muy útil elaborar una lista de ideas principales de un texto, y esforzarse por conectarlas.

Una de las herramientas útiles y desconocidas de los procesadores de textos como Microsoft Word es que en la pestaña «Vista» y, dentro de esta, en el apartado «esquema», podemos ver el conjunto de títulos, subtítulos y epígrafes de un texto. En el fondo, son los trozos en los que el autor ha decidido organizar el contenido, y representan casi siempre una lista de temas. ¿Utilizas la vista esquema cuando redactas un texto? Si lo haces, verás que te resulta extremadamente útil para organizarlo.

Duerme (a secas)

Ojo con lo siguiente, que es clave de muchos problemas: la actividad de indexación de la memoria por parte del hipocampo, es decir, la generación de conexiones y la conexión de los trozos con el todo general, sucede especialmente durante el sueño. Mientras dormimos, esta zona del cerebro se ocupa afanosamente de organizar y clasificar la memoria a largo plazo, de manera que sea mucho más eficiente recuperar estos recuerdos cuando se necesiten. En definitiva, necesitamos dormir para consolidar recuerdos. Los problemas derivados de la falta de sueño van más allá del aprendizaje, ya que también se sabe que afectan a la regulación emocional y a la autopercepción, de manera que nos vemos más tristes y menos capaces cuando dormimos poco. Pero para lo que nos ocupa en este capítulo, la actividad del hipocampo es clave: si la memoria es una red de conexiones, la generación del mapa de esta red ocurre durante la noche. Durante la noche, además, el hipocampo va organizando lo aprendido en la corteza cerebral, que es la sede de nuestra memoria. Si no dormimos, nos costará muchísimo más enlazar los recuerdos entre sí, y generar la estructura de red necesaria para utilizar los recuerdos en el futuro. Así que, **para no quedarte en blanco, duerme lo suficiente**. Es muy importante.

Judith A. Owens, neuróloga y directora del departamento de Medicina del Sueño en el Centro Médico Nacional para los Niños de Boston, lo deja claro: «Sabemos que la falta de sueño afecta a la memoria, la creatividad, el juicio y decisión. También a la motivación al aprender. Cuando estás soñoliento, no va a suceder».

Te invito a preguntarte si tu calidad y cantidad de sueño te ayudan a aprender o todo lo contrario. No dormir lo suficiente hace más difícil pensar y prestar atención. Además de eso, y de manera quizá sorprendente, dificulta el aprendizaje de lo que sucedió el día anterior. El motivo es que sin sueño no organizamos correctamente los patrones de memoria durante la noche. De esta manera, en lugar de crear patrones organizados y con sentido, lo que queda es un batiburrillo de ideas y conceptos inconexos.

Como nos dice el psicólogo Alan Baddeley, toda la memoria se almacena en patrones neuronales. Las neuronas son la unidad funcional básica del cerebro; se comunican enviando y recibiendo señales electroquímicas. Al activarse unas a otras, forman vías y redes de actividad sincrónica. Aprender sería entonces la formación de nuevas conexiones para crear nuevas redes, que pueden reactivarse potencialmente en el futuro y, por tanto, se recuerdan. Esto no es únicamente cierto para nuestro conocimiento, sino también para todo lo que somos: el olor de la casa de nuestros abuelos, los movimientos de la muñeca para lanzar un saque de tenis o los pasos de baile de una canción son ejemplos de memoria. No asociemos únicamente la memoria a los datos factuales como las fechas o los nombres de personajes históricos.

De manera similar, «recordar» es una etiqueta para un amplio conjunto de procesos que implican recurrir a nuestra memoria de cosas que conocemos o hemos experimentado; no solo significa el simple acto de la recuperación consciente de hechos. Citando una vez más al psicólogo Daniel T. Willingham: «La comprensión es el recuerdo con un disfraz». Así que cuando decimos «recordar», casi siempre incluimos procesos sobre el pensamiento y la comprensión.

En resumen, los patrones específicos que se crean inicialmente durante el aprendizaje luego se estabilizan potencialmente y se almacenan en la memoria a largo plazo. En el futuro, pueden reactivarse al recordarlos o recuperarlos. Y esto ocurre durante el sueño. A estos patrones específicos los llamamos «esquemas». **Un esquema**, en este contexto, **define la manera en la que organizamos las ideas, el conocimiento**, y todas las cosas que aprendemos en patrones de información. Estos esquemas se tejen con muchas piezas, ninguna de las cuales tiene pleno sentido sin las otras. Una idea fundamental que ahora desarrollaremos un poco más.

Finalmente, hay otros hábitos de vida saludable que impactan también en la salud de nuestro aprendizaje. Aunque se trata de un campo en ciernes, numerosos estudios empiezan a asociar la dieta con determinados compuestos bioquímicos relacionados con la función cerebral. Por ejemplo, existen ya indicios de que una dieta alta en grasas empeora la síntesis de neurotransmisores y, por tanto, podría tener una consecuencia en el aprendizaje.

Aprender es conectar

Hemos mencionado con anterioridad estos patrones en nuestra memoria a largo plazo, que llamamos esquemas. Una idea interesante y contraria a nuestra intuición es que, cuando aprendemos algo contrario a lo que ya sabíamos, no existe una sustitución directa de estos esquemas. No sustituimos uno por otro, el viejo por el nuevo. Lo que sucede es que, al comienzo, ambos esquemas (el antiguo e incorrecto, y el nuevo y correcto) se activan a la vez. Una parte del cerebro tiene que estar «mandando callar» al esquema viejo, y ambos compiten por la activación hasta que se consolida el esquema nuevo. Por eso, aprender algo erróneamente es muy peligroso, porque el cerebro debe esforzarse mucho más para sustituirlo *a posteriori*. Así que ten mucho cuidado con aprender algo equivocado, como, por ejemplo, errores de un idioma extranjero porque tu padre te enseñó «a su manera», o una mala postura al lanzar a canasta, o una forma de realizar operaciones de cabeza por normas intuitivas. Estos aprendizajes, que al principio te ahorran trabajo, luego te pueden meter en problemas muy graves. Panayiota Kendeou es una excelente investigadora estadounidense de la Universidad de Minnesota que ha descrito estos mecanismos, dentro de lo que denominamos técnicamente «el cambio conceptual».

En el fondo, todo esto refuerza la idea de que aprender es conectar. Cuando aprendemos algo nuevo, más correcto, no sucede que simplemente sustituimos el esquema antiguo, incorrecto, por el nuevo. Lo que sucede es que durante mucho tiempo ambos esquemas compiten, en un proceso que se denomina «coactivación», hasta que el esquema nuevo se consolida. Es como si descubriéramos un camino en el bosque, que a medida que lo transitamos va quedando más despejado y fácil de caminar por él. Pero la vereda incorrecta nunca desaparece del todo, y si nos descuidamos volveremos a recorrerla de nuevo. Por eso, la fatiga mental, el estrés o la impulsividad parecen ser causas de mantener creencias en las noticias falsas (*fake news*) incluso cuando se desmontan.

¿Y qué hace que los esquemas se generen? Aunque pueda parecer redundante, los patrones se generan cuando conectamos lo que aprendemos. Por eso, la investigadora y psicóloga cognitiva israelí Efrat Furst es muy clara cuando afirma: «aprender es conectar». Y para conectar, nos puede ayudar conocer y comprender una teoría de Fergus Craik y Robert S. Lockhart sobre los niveles de procesamiento. En resumen, lo que ambos investigadores demostraron es que, cuando la información se procesa en profundidad y con sentido, se recuerda mejor que si se procesa en función de sus características superficiales, como la forma, el color o el sonido. Recordamos aquello en lo que pensamos, asignándole un significado.

Las implicaciones de esta idea no son pocas: cuando Alex estudia, lo que importa no es el número de veces que relee cada página, sino la profundidad con la que se procesa lo que está leyendo. En definitiva, el procesamiento profundo implica entender un nuevo concepto en términos de conceptos ya conocidos y de conexiones entre ellos. Por eso, una buena forma de empezar a trabajar sobre cualquier idea es sacar una hoja en blanco y preguntarnos: ¿qué cosas conozco ya sobre esta idea? ¿Cómo se relaciona esta nueva idea con lo que ya conocía? De esta manera las ideas relacionadas se procesarán en la memoria de trabajo y estarán listas para conectar con lo nuevo que se vaya a aprender.

Siguiendo esta idea, el psicólogo cognitivo Daniel T. Willingham, en su gran libro *Why Don't Students Like School?* («¿Por qué a los estudiantes no les gusta ir a la escuela?», 2009), propone la idea de que **solo recordamos lo que pensamos conscientemente**, y que el conocimiento sea superficial o profundo depende de los aspectos a los que prestemos atención.

De ahí proviene su famosa frase que ya hemos utilizado antes: «La memoria es el residuo del pensamiento». Cuanto más pensamiento y más procesamiento, más aprendizaje. En otras palabras, **integramos el nuevo concepto en una red existente, y esto permite cerrar un círculo entre la percepción y la acción.** Por ejemplo, «entendemos» una nueva idea una vez que podemos usarla con éxito para conectar, explicar, ampliar o delimitar una idea que ya conocíamos antes.

Para comprender con más detalle lo que quiere decir que la memoria está compuesta de conexiones, utilizamos la palabra «esquemas». Un esquema se compone de toda esta red de relaciones con las que organizamos nuestra memoria. Por ejemplo, si piensas en la palabra «perro», acudirán a tu memoria de trabajo (la consciente) muchas representaciones mentales asociadas con la idea de perro. Quizá también recuerdes algunos nombres de perro que han sido importantes para ti, o algún accidente con el que se despertó el miedo a los perros. Esta vasta red de complejas interacciones de ideas es lo que llamamos esquema.

¿Y esto nos puede ayudar? Muchísimo. Nos ayuda a entender una idea de los investigadores Logan Fiorella y Richard E. Mayer que está recogida en su libro *Aprendizaje Generativo: 8 estrategias de aprendizaje que promueven la comprensión.* Como vemos, el título ya nos indica que vamos por el mismo camino. Para estos autores, el aprendizaje es un proceso de creación de sentido, en el que se intenta comprender lo que se está trabajando. Y esto se hace seleccionando activamente piezas relevantes de la información presentada, organizándolas mentalmente, e integrándolas con otros conocimientos que ya se tienen. La participación en estos tres procesos cognitivos durante el aprendizaje (es decir: seleccionar, organizar e integrar —o «SOI», por sus siglas en inglés—) es lo que entendemos por aprendizaje generativo.

El aprendizaje generativo implica que, cuando nos ponemos a estudiar, realicemos un procesamiento cognitivo adecuado para el aprendizaje. Esto incluye:

1. La selección del material relevante al que prestar atención.

2. La organización del material en una estructura cognitiva coherente en la memoria de trabajo y la integración con el conocimiento previo relevante activado desde la memoria a largo plazo.

3. La generación activa de nuestros propios resultados de aprendizaje interpretando lo que debemos aprender en lugar de simplemente recibirlo tal y como se nos presenta.

Para nosotros, esto es fundamental. Primero, debemos tener claro qué material necesitamos aprender: ¿de qué trata?, ¿cuánto sabemos de él? Después, tenemos que organizarlo: ¿es demasiado para hoy?, ¿cómo lo puedo partir en trocitos?, ¿qué relación tiene con lo anterior y lo siguiente? Aquí los apuntes toman una nueva dimensión: ya no son reproducciones de la clase, sino reorganizaciones nuestras que les dan sentido, estructura y coherencia, y redactado con nuestras propias palabras. Finalmente, debemos acabar tratando de elaborar algo parecido a una autoevaluación. Puede consistir en un test, una redacción, resolver una serie de problemas, redactar un tema de la oposición... algo que nos ayude a evaluar si el tiempo empleado nos ha servido para aprender de verdad. Esto de «autotestearse», aunque no lo parezca, es uno de los procesos más sólidamente demostrados como eficaces para aprender, y hay muchísimas investigaciones que han demostrado su eficacia para muchos contextos y materias diferentes. Lo he denominado así porque muchas veces al presentar esta estrategia entendemos que se trata de elaborar y responder test a nosotros mismos, pero también nos referimos al proceso en el que evocamos información de un momento anterior utilizando preguntas o actividades que requieren recuperar una idea o varias. A diferencia de resumir, que requiere centrarse solo en los detalles más significativos, aquí podemos cubrir un amplio abanico de conceptos de materias diferentes.

Lo que ya hay determina lo que vendrá

Sarah Cottingham es una formadora de docentes y autora anglosajona que define perfectamente las consecuencias de lo que acabamos de exponer: «Los esquemas albergan nuestro conocimiento previo sobre un tema. Pero hacen mucho más que eso. La calidad de nuestros esquemas, esto es, cuántos conocimientos tenemos y cómo de bien conectados están entre sí, desempeña un papel enorme en lo que atendemos y aprendemos en una situación determinada». En el fondo, saber de un tema hace que prestar atención sea mucho más fácil. El esfuerzo cognitivo es menor. La ventaja y el inconveniente de este fenómeno están claros: si controlas los fundamentos de un tema, será más fácil aprender de ese tema; si no, será infinitamente más difícil.

De ahí la importancia de revisar los conocimientos previos, asentando en esquemas bien consolidados las ideas claves de cualquier tema. Porque no solo configura lo que vamos a aprender, sino nuestra capacidad de prestar atención a un tema. Imagina que acudes a una conferencia sobre política económica, enormemente técnica. No es solo que no entiendas nada (a no ser que tú mismo seas un experto en el tema), sino que tampoco sabes a qué prestar atención. Y esto nos puede pasar a todos. Por eso, pregúntate a menudo si necesitas asentar mejor algunos conocimientos previos que te ahorren trabajo en el futuro.

Recuerdo perfectamente mi segundo año en la universidad. Me tocó el primer turno, que empezaba a las ocho y media de la mañana y acababa a las once y media. Muchos días la calefacción no funcionaba, y tocaba ir con mitones (guantes sin dedos) para tomar apuntes. Fue especialmente duro en enero y febrero, los meses más fríos en Madrid. Al final, la pereza me vencía, sobre todo a primera hora de las clases, que casi siempre era la de Zoología —tampoco es que la asignatura y la profesora me animasen especialmente a acudir al aula—, pero cuando llegó marzo y el tiempo mejoró retomé el ir a clase siempre. Sin embargo, estaba totalmente perdido.

No era ya que los contenidos me fueran totalmente extraños, sino que, además, no sabía qué era lo importante. Acudir a los compañeros y resolver las dudas previas fueron dos mecanismos esenciales para poder recuperar el ritmo, pero sin haber estado un mes en clase no entendía ni siquiera a dónde mirar cuando se proyectaba la lámina de algún animal. ¿Qué se supone que tenía que hacer? Tal vez revisitar los apuntes hubiera sido una buena idea, preguntar a los compañeros y, quizás, en un acto de humildad, ir a preguntar alguna duda a la profesora (o a algún otro compañero del departamento más amigable). Sin embargo, carecer de estas estrategias, por muy obvias que me parezcan ahora al escribirlas, me arrastró al pesimismo y a la decepción.

Por eso, y espero que esta recomendación llegue a tiempo para ti, es muy recomendable hacer una pausa y pensar: ¿cómo voy a reforzar esto, sin lo cual es muy complicado que pueda seguir adecuadamente la clase? Naturalmente, en la enseñanza obligatoria deberíamos contar también con un buen docente que nos ayude a hacer esto, aunque nunca está de más que le podamos preguntar nuestras dudas previas y qué es lo más importante para recuperar el ritmo en la asignatura.

El aprendizaje es pegajoso

En resumen, y si se me permite la imagen, los esquemas forman una especie de velcro en nuestra memoria a largo plazo. De lo que sabemos mucho podemos aprender más, porque las nuevas ideas «se pegarán al velcro» de manera firme. Por el contrario, de lo que sabemos poco, la situación se parece más al velcro que tienen las zapatillas de los niños pequeños —a duras penas permanece unido—. Así que, si estás tratando de aprender algo y no consigues que permanezca en la memoria, tal vez necesites afianzar los conocimientos previos relacionados.

> **Por eso, te invito a empezar siempre preguntándote: ¿cuánto sé de este tema?, ¿qué conocimientos tengo que me ayudan a dar sentido a lo que voy a tratar de aprender?** Este paso también será muy importante para desarrollar el aprendizaje autorregulado, algo de lo que hablaremos más adelante.

Otra consecuencia interesante de este hecho es que, a veces, para poder aprender algo necesitamos dar unos pasos hacia atrás (esto siempre nos cuesta mucho) y afianzar las ideas previas necesarias para aprender aquello que queremos. Se trataría de dar unos pasos atrás que nos sirvan como impulso, como cuando tratamos de saltar desde un trampolín a una piscina.

Una vez más, no podemos asumir una falta de interés cuando alguien se pasa las horas tratando de aprender algo y no lo consigue. Tal vez lo que necesita es trabajar su atención, como hablamos/explicamos en los dos primeros capítulos. Pero, tal vez, lo que necesite sea reforzar las ideas fundamentales que permiten aprender ese algo. **Ir hacia atrás en el aprendizaje, y** preguntarse qué ideas hacen falta para comprender y aprender algo nuevo, resulta a veces el mejor camino.

Memoria para saber, memoria para hacer

Tal vez te hayas sorprendido en este capítulo de que la memoria a largo plazo contiene cosas muy diferentes. Algunos ejemplos que hemos mencionado en este capítulo son: el olor de tu abuelo, la cara de tu perro o de tu gata, tus conocimientos de japonés, los pasos de baile de una canción… Parecen conceptos muy diferentes para utilizar el mismo tipo de memoria. Por eso, llega el momento de expandir un poco nuestro modelo de memoria, incorporando todos los sistemas diferentes que forman parte de la memoria a largo plazo.

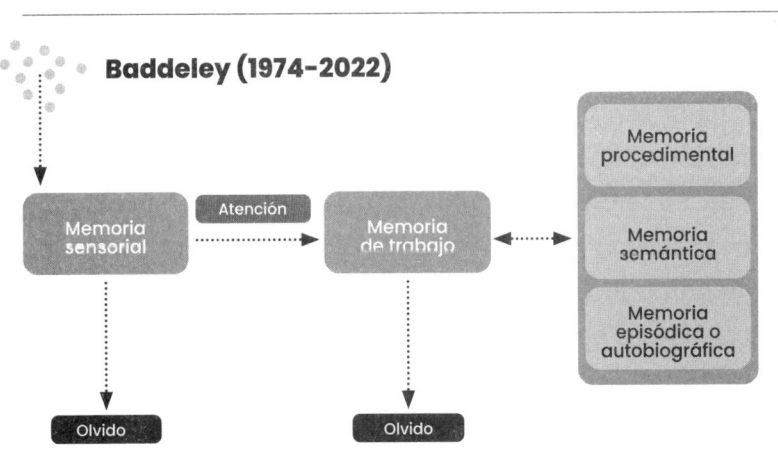

Figura 2. Tipos de memoria a largo plazo.

Aprendemos aquello en lo que pensamos, aprendemos cuando conectamos. Pero ¿acaso toda la memoria es igual? Barbara Oakley es la científica creadora del curso sobre aprendizaje más famoso y practicado del mundo: «Learning How to Learn». En su último libro, *Uncommon Sense Teaching*, explica que existen (simplificadamente, ver figura) dos tipos de memoria a largo plazo. El primer tipo es la memoria semántica, por ejemplo, y siguiendo con los perros, que los perros son mamíferos. El segundo tipo es la memoria procedimental, con la que consigo abrir la lata de la comida de Milka. Sobre el tercer sistema, la memoria episódica, hablaremos en el capítulo dedicado a las emociones y el aprendizaje.

Lo interesante para Barbara Oakley es que tanto la memoria semántica como la procedimental funcionan de manera muy diferente. La memoria declarativa forma esquemas más fácilmente, pero luego el esfuerzo en recuperar cualquier cosa de ella es mayor. La memoria procedimental funciona al revés: cuesta mucho más formar esquemas, pero luego la recuperación de cualquier cosa es mucho más automática. Por eso necesitamos muchísima práctica para aprender a coger la raqueta de tenis, pero una vez que lo hemos aprendido lo automatizamos enseguida. Al automatizar no necesitamos pensar conscientemente en ello, y por eso podemos jugar al tenis sin esfuerzo mental por colocar la raqueta en cada golpe. De igual manera, la práctica de las tablas de multiplicar busca un efecto parecido: convertir el procedimiento en algo que sea automático y, por tanto, libere a la memoria de trabajo para que se centre en otros aspectos de un problema, por ejemplo.

En definitiva, para aprender puede ser muy útil comprender qué parte de lo que estamos aprendiendo es procedimental. Aunque será mucho más difícil de almacenar, una vez lo hayamos hecho, la recuperación será más fluida. Esta idea también puede ayudarnos a vivir con menos frustración cuando tratamos de aprender conocimientos procedimentales como tocar un instrumento musical o el cálculo infinitesimal. La práctica vuelve a ser clave en la memoria procedimental, y el ser capaz de mantener el esfuerzo, aun cuando parezca que al aprendizaje producido es muy poco.

Ideas clave del capítulo

1. Empieza siempre preguntándote por lo que ya sabes de un tema. Si no eres capaz de recordar nada relacionado, no tengas miedo de dar algunos pasos hacia atrás para asentar las ideas previas que necesitas para comprender lo que necesitas aprender.

2. Divide lo que necesitas aprender en pequeños trocitos con sentido propio, principio y final. Luego, conecta esos trocitos.

3. Realizar test de autoevaluación es una de las mejores maneras de aprender…

4. Pero recuerda: no aprendemos igual algo declarativo que algo procedimental. Piensa primero si lo que necesitas

aprender es una manera de hacer, aunque siempre la práctica deliberada es la mejor idea.

5. Dedicar un tiempo suficiente al sueño es la mejor manera de consolidar la memoria a largo plazo.

4.
Focalizando la memoria mediante la práctica

Imagínate el caso de Alex, con el que comenzamos el capítulo anterior. Se trata de una persona educada, trabajadora y que siempre hace lo que se le pide. El problema es que parece incapaz de escribir un párrafo gramaticalmente correcto. Las frases se atropellan unas sobre otras y por momentos da la sensación de que la inclusión de un verbo es una opción extra. ¿Qué es lo que le pasa? ¿Se le da mal escribir? ¿Tendrá que aceptarlo?

En el fondo, seguramente todos nos hemos atascado en algún momento al progresar en alguna habilidad. Simplemente, nos volvemos suficientemente buenos como para jugar al tenis o escribir textos, y dejamos de mejorar, aunque sigamos practicando horas y horas. En la mayoría de los casos esto no nos preocupa: cocinamos bien sin llegar al nivel de un chef, montamos en bicicleta sin necesidad de aumentar velocidad ni distancia, y escribimos lo suficientemente bien como para escribir correos electrónicos de trabajo y mensajes a nuestros familiares y amigos. Simplemente, nuestra pericia desarrollando esa actividad ha llegado a ser lo suficientemente buena como para que no nos compense mejorarla.

Por eso hay que distinguir «la práctica», a secas, de «la práctica con propósito», enfocada a mejorar en algunos de los aspectos concretos en los que se podría dividir una actividad. Alex ha escrito páginas y páginas, pero con el objetivo principal de entregar trabajos. Pocas veces ha practicado la escritura con el único objetivo de escribir mejor, y por eso su progreso se ha estancado. La solución, por tanto, no es «intentarlo más veces», sino «intentarlo de otra manera». Veamos cómo.

Como acabamos de decir, las raíces de este tipo de problemas se hallan siempre en el mismo tema: la falta de una práctica rigurosa y estructurada. Alex es trabajador y no ha tenido falta de práctica, sino de buena práctica. La práctica repetida, buena y mala, lleva inevitablemente a hábitos que ocurren con poco o nada de pensamiento consciente. Como afirma el experto en educación Doug Lemov: «La calidad del conocimiento y desempeño que retenemos depende de la calidad de la práctica que se nos ha pedido», y en palabras del pedagogo Graham Nuthall: «**Aprendemos lo que hacemos**». ¿Quieres aprender a redactar el tema de una oposición? Practica a redactar el tema. ¿Quieres aprender a programar en Python? Practica programando en Python.

Por eso, muchas veces nos quedamos en blanco cuando no hemos practicado lo suficiente en un contexto parecido al que nos vamos a encontrar en el momento importante de hacerlo. Para empezar, ponte en situación de examen introduciendo un elemento de tensión, como, por ejemplo: «lo que escriba lo leerá un compañero o un familiar», «si no logro saber las respuestas no saldré a cenar por ahí esta noche con mis amigos»...

Una historia que nos puede ayudar a ilustrar esta idea se la escuché a Martín Navarro en un curso de Aptus.org sobre la práctica deliberada. Uno de los «Padres Fundadores» del país que ahora conocemos como Estados Unidos de América fue Benjamin Franklin. Además de escritor, filósofo o diplomático se le considera un auténtico apasionado del ajedrez, y se dice que pasaba gran parte de la noche jugando partidas y, sin embargo, el historiador George Allen afirma: «Algunos de sus antagonistas eran jugadores fuertes, que le ganaban con facilidad y contundencia». ¿Cómo puede ser que las muchas horas jugando al ajedrez no convirtieran a Benjamin Franklin en un maestro del ajedrez?

El maestro y educador de ajedrez László Polgár no resulta tan conocido como el personaje anterior, desde luego. Defendía que «los genios se hacen, no nacen» y escribió varios libros sobre educación que inspiraron los métodos que empleó con sus tres hijas. Todas ellas fueron grandes figuras del ajedrez femenino (ya están retiradas de la competición), ganando campeonatos desde la infancia y alcanzando dos de ellas el título de Gran Maestro Internacional de Ajedrez y la otra hija, el de Maestra. Aunque sus métodos son más que cuestionables (las niñas fueron criadas en casa, y con un énfasis exclusivo en el ajedrez), el hecho es que la práctica de sus hijas sí que sirvió para convertirlas en expertas en el juego del ajedrez.

Ambas historias nos despiertan una pregunta interesante: ¿qué diferencia existe entre la práctica del primero y la de las últimas? Está claro que en ambos casos existen un enorme número de horas invertidas en el ajedrez.

Una práctica que nos hace mejores

Yo tengo un problema semejante que me pasa a mí cuando canto. Me encanta la música y cantar mis canciones favoritas, aunque lo hago muy mal (como me recuerdan a menudo mis hijos Inés y Gonzalo). Es muy posible que a lo largo de mi vida haya cantado más de mil horas. ¿Por qué no he mejorado nada? Porque no he practicado para la fluidez y la experticia, y con la guía de un experto que me explicara, mientras practicaba, cómo colocar mi cuerpo para cantar. Solamente he repetido un comportamiento miles de veces.

A nuestro rescate de tantas preguntas viene el psicólogo e investigador sueco Anders Ericsson, que fue uno de los mayores expertos en la práctica deliberada para el desarrollo de la experticia. Existe un tipo de práctica deliberada del que ya hemos hablado anteriormente: cuando practicamos para la «fluidez». **Por fluidez entendemos los conocimientos y procedimientos tan consolidados en nuestra memoria a largo plazo que podemos recuperarlos y realizarlos sin esfuerzo, una vez aprendidos.** No ocupan nada de la memoria de trabajo y, por tanto, **el conocimiento que forma los cimientos de lo que quieres aprender debería ser practicado hasta conseguir una fluidez que nos permita pensar mientras hacemos.** Por ejemplo, en muchos exámenes de oposiciones o en el de acceso a la universidad, la rapidez en la escritura es una habilidad fundamental que permitirá escribir más, y disponer de tiempo para revisar lo que se ha escrito. De esta manera, practicar la escritura limpia y rápida es una habilidad fundamental que puede liberar memoria de trabajo y promover un mejor rendimiento en determinadas pruebas. Manejar un vocabulario técnico puede ser igual de importante, porque conocerlo no es suficiente, hay que practicar para utilizarlo con fluidez. Este paso de «conocer algo» a «saber utilizarlo» sin mucho esfuerzo es la clave.

Por ejemplo, ahora mismo: escribir en el teclado del ordenador de manera fluida me permite pensar en lo que voy escribiendo sin tener que dedicar esfuerzo mental a buscar las teclas o a esperar a que mis dedos terminen de escribir las frases que estoy pensando. Este tipo de habilidades prácticas no son menores, y de hecho ayudaría a un mayor aprendizaje en muchos casos en los que realmente la memoria está sobrecargada, simplemente escribir unos apuntes mínimamente claros y ordenados, o entender una sintaxis que no es a la que estamos acostumbrados. De hecho, la comprensión lectora y la habilidad escritora son fuertes predictores del desempeño académico en un montón de ámbitos, incluso en los de ciencias. Por eso, cuando hablo con otros profesores me gusta decir que «todos somos docentes de Lengua y Literatura». Es nuestra herramienta para aprender. Lo que sucede es que las estrategias que nos ayudan a aprender a hablar nos confunden un poco. Nuestro cerebro lleva varios cientos de miles de años configurado para aprender a hablar y, por tanto, la inmersión es buena estrategia. Por eso experimentamos que pasar años en el extranjero, o ir a un colegio con un método de enseñanza en alemán, funciona. Sin embargo, la lectura y la escritura son mucho más recientes (empezaron hace unos diez mil años, pero no se generalizaron hasta hace unos pocos siglos). Eso significa que nuestro cerebro no viene con la capacidad de lectura de serie. Que la lectura no sea innata implica que necesitamos enseñarla y aprenderla. Lo que se suele pasar por alto es la extensión de esta afirmación: **la lectura y la escritura experta hay que practicarlas y aprenderlas deliberadamente.**

> Además de practicar la habilidad en el contexto en el que vas a necesitarla (por ejemplo, añadiendo tensión si estás preparando una prueba), tienes que enfocarte en un aspecto concreto de esta habilidad. Esto lo haces para poder comprobar qué tal lo estás haciendo mientras lo estás haciendo.

La práctica deliberada ocurre cuando nos esforzamos en los límites de nuestra habilidad para aprender algo intrínsecamente complejo. «En los límites de nuestra capacidad» es lo que los científicos Elizabeth y Robert Björk denominan «dificultades deseables». O, como el propio psicólogo Anders Ericsson nos dice en su libro *Peak*: «Esta es una verdad fundamental sobre cualquier tipo de práctica: si nunca te empujas más allá de tu zona de confort, nunca mejorarás».

Aunque hasta ahora hemos empleado el singular, esta sección es igualmente aplicable al trabajo en equipos o en grupos. Es importante que el trabajo en grupo cuente con una organización previa, basada en los principios que vamos a desarrollar, para que no se convierta en una jungla donde cada uno lucha únicamente por su propio beneficio. Aunque mantendremos el singular por coherencia con el resto del libro, todo lo que vamos a decir puede aplicarse a un equipo de personas.

Características de la práctica deliberada

¿Qué caracteriza a una «**práctica deliberada**»? La primera característica es que **tiene objetivos específicos bien definidos**. Por ejemplo: escribir un desarrollo del tema de tres páginas que incluya los siguientes elementos; o resolver de manera correcta en veinte minutos este problema. Esto, que parece obvio, es tremendamente útil y casi nunca sucede: ¿por qué te pones a estudiar?, ¿qué va a pasar cuando termines? Fijarte un objetivo no solo es fuente de motivación (como veremos en los próximos capítulos), sino que también ayuda a evaluar qué tal ha ido esta sesión de trabajo. Como hemos dicho antes, **el objetivo nunca debe ser expresado en forma temporal**: voy a estudiar dos horas, voy a ponerme a trabajar esta mañana… porque el tiempo no es una forma de medir el aprendizaje muy adecuada. Mejor, expresa siempre lo que vas a conseguir después: voy a saber explicar este hecho, voy a resolver cuatro problemas de diferente grado de dificultad, voy a…

La segunda característica es que, como vimos en los primeros capítulos, debe estar **enfocada (y en esto hablamos también de atención) a lograr esos objetivos.** Esto quiere decir que, si nuestro objetivo es resolver cuatro problemas de diferente complejidad, nuestra práctica tiene que estar enfocada en eso y no en otras cosas (como repasar las fórmulas, decidir el bolígrafo que vamos a emplear…). De nuevo, rescato aquí la diferencia entre lo adyacente y lo estructurante: ¿qué es esencial que pase para que pueda valorar con éxito este momento de trabajo que me he propuesto? Quizá tenga que preparar algunas cosas, o repasar algunas ideas en la línea de las conexiones que decíamos antes. Pero, y esta es la pregunta clave: ¿qué proporción de tiempo vamos a ocupar en ello? Porque si la proporción es más del cincuenta por ciento, es decir, que sobre todo lo que vamos a hacer esta tarde es repasar alguna idea clave, lo que tenemos que hacer es reenfocar nuestro objetivo y especificar claramente que el objetivo es ese. Evitamos, por tanto, la frustración que podemos sentir al no avanzar, cuando en el fondo estamos consolidando ideas, lo que es una parte esencial del aprendizaje.

Además, como tercera característica, **implica retroalimentación** o feedback (utilizaré ambas expresiones indistintamente por facilidad). Tienes que saber si estás haciendo algo bien y, si no, cómo te estás equivocando. Esta fase de retroalimentación será muy diferente en función de si estamos trabajando solos o en un grupo. Si estamos trabajando solos, lo ideal es que contemos con ejemplos resueltos o directamente con un modelo de respuesta que nos permita comparar qué tal lo hemos hecho. La exposición a modelos es una manera fantástica de aprender, como ya expusimos Mariana Morales y yo mismo en *La evaluación formativa*: **«Los modelos permiten que generemos representaciones mentales de lo que queremos lograr, las cuales permiten monitorizar cómo lo estamos haciendo. Nos muestran la dirección correcta y, además, nos ayudan a darnos cuenta de cuándo nos equivocamos de camino».** En ese mismo libro concluíamos que los docentes deberían aportar modelos que concretaran de modo práctico qué es lo que esperan exactamente y que sirvieran para estas sesiones de trabajo individual. Aun así, si lamentablemente esto no sucede, podemos acudir a ejercicios resueltos. Esta puede ser una de las razones del éxito de los canales de YouTube que, en el fondo, aportan una pequeña instrucción directa sobre un tema: nos permiten acompañar la resolución de un ejercicio paso a paso, lo que a su vez nos da a nosotros la oportunidad del *feedback* sobre nuestra propia comprensión.

Si trabajamos en grupo, esta retroalimentación tiene que venir del propio grupo a través de la «comparación de ideas». Por supuesto, los modelos en el grupo también tienen su papel, pero en este caso contamos con compañeros de trabajo que pueden identificar si estamos consiguiendo los objetivos que nos hemos propuesto, o no.

Las dificultades deseables

Los dos principios que nos quedan de la práctica deliberada se merecen un monumento o, al menos, un epígrafe propio. Veamos el cuarto principio de la práctica deliberada: **crear dificultades deseables**. Esta idea fue propuesta por los científicos Elizabeth y Robert Björk hace décadas, pero se ha ido desarrollando y consolidando desde entonces.

Para entender bien qué significa esto tenemos que introducir una nueva idea relacionada con nuestra memoria. Hemos dicho antes que la memoria se entreteje en forma de red. Recuperar cualquier cosa de esa red es lo que llamamos «evocar», que sería algo así como «recordar con un propósito». Y el recuerdo depende de dos cosas: la fortaleza del almacenamiento y la capacidad de evocación. Consideremos, por ejemplo, el nombre de un amigo de la infancia o la celebración de nuestro décimo cumpleaños. La fortaleza de almacenamiento de ambos recuerdos nunca se pierde una vez acumulado, está ahí en algún lugar de nuestra memoria a largo plazo. Lo que sucede es que, con el tiempo, disminuye drásticamente la capacidad de evocación de ese recuerdo dado.

La capacidad de evocación depende, una vez más, de la asociación de ese recuerdo con el entorno actual. En general, la fuerza de recuperación disminuirá a medida que pase el tiempo y cambien las señales ambientales, como, por ejemplo, cambiar de amigos. Pero todos hemos tenido la experiencia de que un nombre que no somos capaces de recordar en un momento dado, luego nos viene a la mente sin esfuerzo aparente en un momento posterior, a menudo cuando estamos en un contexto diferente.

Si algo está bien aprendido y se accede a ello con frecuencia, como la dirección de una calle en la que se ha vivido varios años, esa dirección tiene una gran fortaleza de almacenamiento y también una gran capacidad de evocación; mientras que la dirección de una tienda a la que se acude por primera vez una mañana de domingo puede tener una gran capacidad de evocación durante gran parte de ese día, pero una fortaleza de almacenamiento mínima.

El nombre de nuestro mejor amigo de la escuela primaria, por otro lado, sería un ejemplo de un elemento de la memoria que se mantiene con una fuerza de almacenamiento alta, pero que ahora tiene una capacidad de evocación mínima, suponiendo que no hayamos estado en contacto con esa persona en los últimos años. Y, por supuesto, hay ejemplos frecuentes de información en nuestros recuerdos con muy poca fortaleza de almacenamiento y muy poca capacidad de evocación, como la información que uno ha escuchado en una conferencia, pero que no ha entendido bien y no puede recordar más tarde.

¿Y esto para qué nos sirve? Si lo hemos entendido bien, podemos tener algo bien asentado en la memoria a largo plazo, pero que no podemos recuperar fácilmente. A la inversa, podemos tener un recuerdo que recuperamos fácilmente, pero que a largo plazo se desvanecerá sin dejar muchas trazas en nuestra memoria. Por eso, evocar la información o ejecutar la habilidad que se va a aprender es más potente en cuanto a sus efectos sobre la capacidad de recuperación y la fuerza de almacenamiento que volver a estudiar dicha información. Ahora, expresado claramente: **es mejor evocar que «reestudiar»**. Vas a aprender más, y a recordar mejor, si te haces preguntas a ti mismo, o practicas para escribir un texto, que si vuelves a leer por enésima vez la página. Esto es una dificultad deseable y bastante contraintuitiva, lo reconozco, pero está avalado por multitud de experimentos.

Realizar una prueba es de mayor ayuda que estudiar de nuevo, porque lo segundo solo tiene que ver con la fortaleza de almacenamiento, mientras que lo primero también mejora la capacidad de evocación, que es en definitiva lo que queremos conseguir: ser capaces de recuperar el conocimiento o la habilidad cuando nos lo pidan (en una prueba deportiva, en un examen, en un concierto...).

Por último, para aprovechar esta relación entre la fuerza de almacenamiento y la fuerza de recuperación, ya sea en el propio aprendizaje autorregulado o como una forma de ayudar al aprendizaje de los demás, tenemos que recordar que es importante programar nuestras sesiones de estudio o nuestra enseñanza de manera que no volvamos inmediatamente a cubrir la misma información de nuevo. Repasar los hechos y conceptos importantes que se van a aprender puede ser muy valioso, incluso esencial, para la comprensión y la retención, pero **debemos intentar programarlo para un momento en el que la capacidad de recuperación se haya reducido un poco.** Podríamos conseguirlo, por ejemplo, tratando algún tema relacionado antes de volver al tema en cuestión. Una estrategia de este tipo también resolvería uno de los problemas que señalan los profesores, sobre todo los de Primaria y Secundaria, y es que no disponen de tiempo suficiente para realizar pausas de descanso entre sus presentaciones sobre un mismo tema, dada la cantidad de temas que deben tratar durante el curso escolar. El espaciamiento mediante la intercalación de temas ofrece una forma eficaz de introducir el espaciamiento en la enseñanza sin perder tiempo de clase.

Desarrollar un modelo mental de lo que es hacerlo bien

El quinto principio es probablemente el más abstracto, pero no por ello el menos importante. Un «modelo mental», a veces también llamado «representación mental», es un conjunto de esquemas de nuestra memoria que nos otorgan la capacidad de imaginarnos situaciones, resolver problemas, plantear situaciones hipotéticas y planificar soluciones. Es una estructura mental que corresponde a un objeto, una idea, concretos o abstractos. Imagínate que te presentan una bebida nueva en un nuevo tipo de botella. Las representaciones mentales alojadas en tu memoria tratarán de buscar un tapón o un orificio que abrir para poder beber de su contenido. Suponen una guía de acción, construidos a partir de la experiencia, el conocimiento y la interacción con el entorno, y su complejidad aumenta a medida que se adquieren nuevas habilidades y conocimientos. Imagínate ahora el *Guernica* de Picasso. Seguro que tienes una representación mental del cuadro (las figuras, tal vez, o que es en blanco y negro). Imagínate después un animal, por ejemplo, un delfín. La representación mental del delfín probablemente se asocie a aspectos emocionales como «simpático», aunque en realidad es difícil saber si todos los delfines lo son. Pero la representación mental representa una imagen del modelo, una especie de arquetipo del pensamiento. Por eso tiene que ver con los objetivos y con los pasos a tomar.

Las representaciones mentales consisten en algo más que una simple imagen del modelo, son lo que permite a los grandes entrenadores de cualquier deporte intuir la ventaja en una jugada y la mejor defensa. Eso es porque sus representaciones mentales incluyen, además de las posibles posiciones, las interacciones entre ellas y la imagen de las posibles ventajas y desventajas de cada una, basadas en el análisis de miles de jugadas similares.

En el fondo, para emprender cualquier acción siempre es importante pensar en el objetivo: ¿qué queremos conseguir? De igual manera, es importante que, cuando queramos aprender algo, en nuestra cabeza exista un modelo de lo que podremos hacer cuando consigamos aprender ese algo. Por ejemplo, si lo que quiero hacer es aprender a escribir bien, es importante pensar primero qué significa escribir bien: con coherencia, con humor, con numerosas referencias... Hay muchos modelos mentales de lo que es una buena escritura, cada una adaptada a circunstancias distintas. No es lo mismo escribir el prospecto de un medicamento que una resolución judicial, porque cada uno tiene un modelo diferente.

¿Cómo construir un modelo mental? Mediante la reflexión en lo que se ha denominado práctica reflexiva. Esto implica que no solo tenemos que enfocarnos al futuro, a nuestras metas y a nuestros objetivos, también debemos equiparnos de unos buenos espejos retrovisores: ¿cómo me funcionó esta estrategia?, ¿qué pasó en la prueba? Aunque hablaremos de ello en los capítulos dedicados a la motivación, este paso es esencial para poder mejorar con nuestra práctica y, por ello, te propongo ya algunas preguntas que pueden ayudarnos a desarrollar nuestro modelo mental del cómo aprendemos:

Pregúntate

- ¿Qué has aprendido esta semana/mes/trimestre?
- ¿Cómo lograste aprender eso?
  - ¿Quizá preguntaste algo y te respondieron?
  - ¿Hiciste la pregunta y la respuesta apareció en tu mente al hacerla?
  - ¿Escuchaste al profesor o a un compañero?

> - ¿Lo miraste en un libro?
> - ¿Estabas pensando en otra cosa y de repente sucedió?
> • ¿Cuánto tiempo tardaste en aprender eso? ¿Fue más o menos del tiempo que estimabas al principio?

Trabajar con imágenes

Otra buena manera de apoyar la construcción de modelos mentales es mediante el uso de imágenes. Cuando veas un diagrama en un libro trata de explicarte a ti mismo lo que significa. Después de leer un epígrafe, trata de crear tu propia visualización que represente las ideas principales, como, por ejemplo, las imágenes, que pueden ayudar a organizar conceptos complejos, física o mentalmente. También permiten representar visualmente ideas abstractas o difíciles de comprender, poniendo el foco en las relaciones entre ideas.

Las visualizaciones, como imaginar o dibujar un mapa mental, son tanto o más eficientes que las representaciones puramente lingüísticas, porque organizan explícitamente la información en maneras significativas. Por eso uno de los libros que más puedo recomendarte es *Organise Ideas*, de Oliver Caviglioli y David Goodwin, que son unos maestros haciendo en estrategias de enseñanza visual. Se trata de un libro con un compendio de formas de organizar ideas.

Una visualización de una placa tectónica, por ejemplo, muestra explícitamente cómo interaccionan los elementos de la corteza y el manto terrestre, y cómo se disponen espacialmente. Esto da como resultado un andamiaje excelente para inferir relaciones de causa efecto. Otra manera de utilizar las imágenes, mientras que los diagramas temporales permiten comprender una secuencia de eventos. Ayudarte de este tipo de estrategias puede desatascar tu manera de estudiar cuando te has aburrido de leer cien veces lo mismo. Ojo, que yo pinto muy mal. No se me da nada bien dibujar, ni tengo una letra bonita. Aquí de lo que se trata no es de hacer un diagrama espectacular, sino de organizar lo que aprendemos de manera que tenga sentido y que nos ayude a captar mejor las relaciones entre sus elementos. Uno de los mayores malentendidos que me impedían avanzar consistía en pensar que un diagrama o esquema que fuera estéticamente feo no me ayudaría. Por eso, cuando hacía esquemas o diagramas, mi atención y esfuerzo cognitivo iban enteramente dirigidos a elaborar algo bonito. Es un error, porque la atención y el esfuerzo cognitivo deben dirigirse a pensar las relaciones entre los elementos mientras realizamos el diagrama. Es una actividad que me tiene que ayudar a generar una estructura de relaciones entre las ideas, no a generar un cuadro para una exposición de arte.

De igual manera, como docente he cometido el mismo error: he valorado de manera excelente esquemas y apuntes estéticamente perfectos. Pero lo importante es preguntarse: ¿qué has aprendido haciendo esto? Cuando empecé a lanzar esta pregunta los resultados no pudieron ser más sorprendentes: personas con apuntes perfectos, no habían aprendido nada; personas con apuntes más desorganizados, con peor letra, eran capaces de explicarme lo que habían aprendido realizando esos apuntes.

En definitiva, organizar gráficamente o dibujar beneficia el aprendizaje, porque nos obliga a utilizar nuestro conocimiento existente para traducir una representación lingüística en una visual. Organiza de este modo las ideas en una estructura coherente que facilita la comunicación, el aprendizaje y la resolución de problemas. Pero para ello tienes que enfocar tu atención y esfuerzo en pensar sobre las relaciones entre las ideas, y cómo encajan en el todo general. Es decir, **piensa sobre lo que estás aprendiendo mientras realizas tus apuntes, diagramas y visualizaciones.**

Avanzar hacia la maestría

Probablemente, una de las ideas más útiles que haya leído sobre la generación de conexiones para dar sentido al aprendizaje, de nuevo, es de la psicóloga cognitiva Efrat Furst. En su blog nos describe: «Ninguna base de conocimientos se construye en un único encuentro con aquello que queremos aprender, sino que un elemento clave de nuestro sistema de aprendizaje es que se va configurando a lo largo del tiempo. En función de lo que hacemos con el conocimiento cada vez que lo recuperamos de la memoria a largo plazo y lo manipulamos en la memoria de trabajo». En otras palabras, no basta con una sola vez. Hay que encontrarse repetidas veces con lo que queremos aprender, e irlo integrando en esa red de conocimientos a través de relaciones entre ideas. Resulta muy iluminador comprender cómo se va tejiendo y fortale ciendo esa red de relaciones.

De esta forma, la primera etapa del aprendizaje de cualquier concepto es el encuentro inicial: cuando vemos o escuchamos por primera vez un concepto completamente nuevo (una palabra en otro idioma, un objeto que no sabemos utilizar, etc.). Nunca antes nos lo hemos encontrado y, por tanto, no está representado de ninguna manera en nuestra memoria a largo plazo. Tras este primer encuentro, el nuevo concepto puede ser incorporado en forma de conexiones para crear una pequeña y frágil red. Si esto ocurre, quizá podamos **reconocer** este concepto como familiar en un futuro próximo, si se nos vuelve a presentar explícitamente. Se puede decir que conocemos el concepto, pero como el concepto aún no está bastante asentado, nos permite un reconocimiento potencial, pero no mucho más. Por eso podemos sentir familiaridad al verlo de nuevo, lo que no significa en absoluto que lo hayamos aprendido.

Esto es lo que ocurre con un número importante de conocimientos y recuerdos que creemos saber, pero que en el fondo solo sabemos reconocer. Por ejemplo, yo puedo creer que conozco los nombres de los siete enanitos de la película *Blancanieves*, pero en realidad, si intento recordarlos todos, solo soy capaz de nombrar cuatro o cinco. En cambio, si los veo escritos, sí que soy capaz de reconocer los nombres de los enanitos de entre una lista de otros nombres. Esto ocurre cuando Alex, después de estar un buen rato delante de unas páginas releyendo y releyendo, las vuelve a mirar y reconoce las páginas. Y lo deja bajo la ilusión de que, sin mirar las páginas, sabrá reconstruir su contenido. Esto suele salir bastante mal. Reconocer no es conocer.

En el caso de personas que aprenden, es bastante frecuente que se digan a sí mismas «ya me lo sé», cuando en el fondo lo que realmente pasa es que «ya lo sé reconocer». El peligro de esta confusión resulta enorme, ya que lo más probable es que deban demostrar lo que han aprendido sin pistas de reconocimiento. Sucede mucho, por ejemplo, cuando hay que escribir sobre un tema sin más ayuda que lo que sabes de ese tema.

El siguiente paso, al que a veces no se llega, sería explicar el concepto ahora reconocible y empezar a darle sentido: **comprender**. El significado se genera cuando el nuevo concepto se asocia con otros conceptos (palabras, objetos, procedimientos, etc.) con los que ya estamos familiarizados, de manera que tenga sentido para nosotros. Podemos afirmar entonces que conocemos el significado del nuevo concepto. Por ejemplo, yo puedo creer que conozco la razón por la que el Sol sale siempre por el Este, pero cuando me piden que lo explique soy incapaz de hacerlo. Te invito a que trates de hacer este mismo ejercicio: explicar por qué el Sol sale por el Este y se pone por el Oeste. Lo hago para que descubras si estás en una fase en la que es frecuente que ocurra una «ilusión de comprender». Crees que comprendes, pero todavía no has llegado a saber explicarlo con tus propias palabras, y solo eres capaz de reconocer la idea como cierta. Vale la pena detenerse en este pensamiento y sopesar hasta qué punto nos sucede. Por ejemplo, a mí me pasaba muchas veces en mis años universitarios. Reconocía mis apuntes y tenía una ligera impresión de lo que había bajo cada epígrafe, pero luego era incapaz de explicarlo con precisión y profundidad. Estas dos últimas palabras, precisión y profundidad, son claves para lo que queremos. Comprender es un proceso en el que vamos ganando precisión y profundidad. Lo percibimos cuando escuchamos a un analista deportivo que nos muestra jugadas de baloncesto que no habíamos percibido durante el partido, o también cuando nos hablan de un cuadro, señalándonos detalles que no percibimos al primer vistazo. Lo hacen también el médico y el mecánico cuando son capaces de entender la razón de un fallo en el funcionamiento del sistema.

Cuando lo entendemos, empezamos a tener una idea de cómo puede ser útil, pero esto no significa que el concepto sea realmente útil, para que esto ocurra tenemos que pasar a la siguiente etapa.

A continuación, para que algo tenga sentido, tiene que ser funcional: es crucial comprobar si podemos acceder al nuevo concepto y **utilizarlo**. El objetivo es construir vías que permitan recordar el concepto cuando sea necesario, y tenemos que empezar a construir esas vías. La idea clave en esta fase es: adquirir información asimilándola no es la misma acción que intentar sacarla, o recuperarla activamente. Tendemos a confiar demasiado en la funcionalidad cuando algo simplemente «tiene sentido». Sin embargo, solo cuando se establecen esas vías de recuperación, es cuando podemos utilizar el concepto aprendido. Aviso aquí de nuevo: explicar una idea por ti mismo no se parece en nada a comprenderla cuando alguien te la explica. Desconfía, entonces, cuando no sabes explicar la idea, y no pienses que por comprenderla al leerla vas a ser capaz de hacerlo en el momento de la prueba.

Cuando practicamos el uso del nuevo concepto repetidamente a lo largo del tiempo, en diversos contextos, creamos conexiones a más pistas, y gradualmente más vías de acceso a este concepto y más maneras de utilizarlo. De esta manera, llegamos finalmente a un estado de **maestría** o «experticia» (la palabra suena horrible en castellano, pero es la que se utiliza). Cuando se dominan, los conceptos, incluso los más complejos, pueden recuperarse fácil y rápidamente, incluso de forma automática. El concepto puede ahora describirse como parte de un «esquema» (una red de conceptos muy bien conectada y practicada).

Vamos a parar un momento para pensar en una de las conclusiones que se pueden extraer de lo expuesto en el capítulo: «¿Mejoran los profesionales con los años de experiencia?». Como dirían mis amigos de Vigo, depende. Según hemos desarrollado hasta ahora, los años de experiencia son condición necesaria pero no suficiente para mejorar. Efectivamente, lo que promueve la mejora es la *reflexión crítica de la experiencia*, la vocecita interior con la que nos hablamos para no cometer los errores del pasado y planificar nuestros éxitos del futuro.

El poder de las pequeñas variaciones

Otras estrategias para ir profundizando en nuestro aprendizaje se basan en la «**teoría de la variación**», desarrollada por el psicólogo educativo sueco Ference Marton, y sobre la que leí gracias a las indicaciones del profesor de Biología Christian Moore-Anderson, radicado en España. Lo que nos propone esta teoría es que **para lograr un aprendizaje más profundo nos tenemos que preguntar continuamente qué pasa si hacemos pequeñas variaciones de lo anterior.** Por ejemplo: ¿en qué se parece este artículo de la ley al anterior?, ¿en qué se parece este problema al que resolví al principio?, ¿y si cambiara una pequeña cosa de esta historia, cambiaría el sentido general?

Igual que reconocemos la profundidad de un objeto dibujado por sus sombras, a nuestro cerebro le encanta el contraste entre patrones. Es especialmente sensible para detectar estas diferencias y, por tanto, comparar es una herramienta fundamental. Por ejemplo, ¿en qué se parece esta ley a la anterior?, ¿y este texto al que preparé hace dos semanas? Detectar esas variaciones puede ayudarnos a conectar mucho mejor lo que estamos aprendiendo.

Además de eso, las ventajas de planificar el trabajo de esta manera residen básicamente en que nos ayuda también a **espaciar la práctica**: en lugar de estudiar cuatro horas de una sola vez, la «**práctica espaciada**» consiste en que sería mejor espaciar esas cuatro horas en cuatro días distintos. Esto puede parecer una idea obvia, pero de nuevo cuenta con muchos estudios a su favor. La práctica espaciada es una de las estrategias de revisión más eficaces y potentes. Lo que sucede es que también es una «dificultad deseable», ya que es contraintuitivo y nos cuesta mucho planificar. Por eso hablaremos de los hábitos muchas veces a lo largo del libro.

Al separar el estudio también evitamos la práctica masiva y el «vomitado masivo» en los exámenes, que puede funcionar a corto plazo (de hoy para mañana) pero que luego deja un rastro de nada en la memoria. Creo que todos hemos vivido esta sensación. Esta estrategia puede funcionar a corto plazo, lo que explica por qué sigue siendo una de las más populares en la escuela.

Sin embargo, el peligro es enorme: al no quedar nada después, la próxima vez que tengamos que aprender algo relacionado será como empezar de cero. Apostar por el hábito de zamparnos (perdón por la expresión) algo una tarde-noche y olvidarlo después de la prueba, nos dejará encallados en la orilla cuando tratemos de aprender algo más complejo, que requiere más tiempo y más práctica para asentarse. Como dicen Pooja Agarwal y Patrice Bain (científica de la cognición y experta en educación, respectivamente) en su libro *Powerful Teaching*: «Volviendo al contenido de vez en cuando, el conocimiento tiene tiempo de reposar, conectarse y ser actualizado». No rechaces estas ideas simplemente porque van en contra de tu intuición y tu manera de hacer las cosas, y parece que no funcionarán. Juzga su efectividad por los resultados a largo plazo, después de intentarlo, y no por cómo te sientes al intentarlo.

Intercala estas pequeñas variaciones

Otra idea de estas dos autoras es la «**práctica intercalada o distribuida**». Las evidencias que nos aportan las ciencias del aprendizaje son claras en este sentido: la práctica intercalada, distribuida en el tiempo, consiste en alternar diferentes tipos de actividades en lugar de centrarse únicamente en uno solo, mientras que la práctica espaciada consiste en dejar lapsos de tiempo entre cada momento de práctica, como hemos visto antes. Probablemente, a estas alturas del libro te hayas dado cuenta ya de que hay estrategias que propongo que parecen contrarias al sentido común.

Sin embargo, te invito a que reflexiones sobre un entrenamiento de cualquier deporte. Una tarde cualquiera pásate por el entrenamiento de fútbol o baloncesto de alguno de tus hijos, o de hockey de tu sobrina, o de baile del hijo de unos amigos. Con toda seguridad, lo que verás a lo largo del entrenamiento consistirá en una serie de ejercicios diferentes. Por ejemplo, tal vez comience con unas posiciones sencillas para estirar los músculos, luego se realice algunos ejercicios individuales, y finalmente se practique algo en equipo o todos juntos al unísono, y nos parecerá lo más natural del mundo. Lo que nos extrañaría es si todo el entrenamiento consistiera en el mismo ejercicio, repetido una y otra vez hasta la saciedad.

En mi caso, he jugado y entrenado al baloncesto casi todos los años de mi vida. Una gran inspiración es mi amigo Joaquín, que alguna vez me ha entrenado. Sus entrenamientos suelen comenzar con una parte física intensa, pero con ejercicios que van trabajando diferentes zonas del cuerpo. Aunque el equipo necesite mejorar el tiro exterior, sería absurdo estar tirando triples toda la tarde. Lo lógico es practicar intercalando diferentes ejercicios, según una planificación secuenciada.

Lo que yo te propongo para aprender es exactamente lo mismo. Toda la tarde repitiendo el mismo tipo de práctica es mala idea. **Intercala momentos de revisar notas, con momentos de resolver preguntas o ejercicios, con momentos de resolver test o pequeñas pruebas de autoevaluación.**

Tomar apuntes

La manera particular en la que pensamos sobre las cosas es clave para entender qué recordaremos. Podría parecer que, si piensas en una silla, más tarde recordarás haber pensado en una silla. Aunque parezca obvio, no es así. Puedes pensar en una silla como un objeto en el que te sientas, o en algo de madera, o como en un símbolo de poder si está en el centro de una sala. Cómo pienses sobre la silla determinará lo que recordarás después, por eso la memoria es el residuo del pensamiento. De igual manera, si en clase transcribes lo que pone en la pizarra mientras piensas en tus planes para el fin de semana, lo único que estás haciendo es transcribir. Toma apuntes no sobre lo que dice el profesor o el vídeo, sino sobre lo que estás pensando al ver el vídeo o escuchar al profesor. **Tomar apuntes, por tanto, no es una actividad de registrar lo que sucede en clase, es una actividad en la que puedes generar un aprendizaje si consigues introducir en tus notas tu propio pensamiento.** Por ello, naturalmente, atender a las cosas adecuadas en una actividad determinará lo que aprenderás de ella. Por tanto, **decide dónde vas a enfocar la atención antes de empezar la actividad.**

Las notas que consigues de alguien no funcionan igual que las notas que tomas tú mismo, dando significado a lo que vas escribiendo. Para tomar notas, usa analogías: empareja algo que ya comprendes con algo que estás tratando de comprender. La clave para aprender de una analogía reside en prestar atención a las características diferenciales. Tomar notas te ayudará a mantener el foco y te fuerza a verbalizar lo que estás aprendiendo, pero después de tomar las notas no pierdas tiempo copiando su contenido con un aspecto mejor, pues si la memoria es el residuo del pensamiento copiar estas notas no te garantizará nada. Tal vez estés cantando mientras lo haces, pensando en la canción y no en lo que escribes. En lugar de eso, reorganiza las notas: crea esquemas y conexiones entre lo que has escrito y piensa en la estructura lógica de la clase o clases. El proceso de reorganizar las notas no solo te ayudará a estudiar, es que en sí mismo es una excelente manera de estudiar. Después, utiliza pegatinas para marcar aquellos detalles que no entiendas y preguntarlos a alguien o buscarlos por ti mismo.

El profesor británico de Geografía Mark Enser nos propone una idea para organizar nuestros apuntes: empieza dividiendo la página en un título claro, con una columna izquierda para enumerar las ideas clave y otra columna derecha para tomar los apuntes propiamente. Al final de la página, añade una sección para el resumen de esa página. La columna de la derecha puede incluir mapas mentales y dibujos. El espacio para el resumen final es el más importante: es donde podemos comprobar la comprensión e identificar las confusiones. Revisar solamente este elemento reduce tu trabajo de revisión de apuntes, a la vez que te permite identificar las ideas asentadas y las que estás teniendo más dificultades para entender.

Otro aspecto importante a la hora de tomar notas es que debes practicarlo deliberadamente: fíjate en las cosas que haces peor, y adéntrate fuera de tu zona de confort. No tomes tus apuntes o elabores tus resúmenes siempre igual. Presta atención a lo que pasa cuando practicas: si no estás mejorando, o no te ayuda lo suficiente, tal vez tengas que cambiar de estrategia. Pregunta a alguien que haya pasado por lo mismo, o a un profesor, qué puedes hacer para mejorar tu manera de tomar notas y apuntes.

Sobre la lectura

El subrayado solo funciona si sabes algo del tema que vas a subrayar. Si no sabes nada, vas a ciegas eligiendo lo que a ti te parece más importante. Esto se ha demostrado con un análisis muy sencillo: se selecciona un libro y se pide a varias personas distintas, desconocedoras del tema, que subrayen aquello que les parece más importante. Lo que eligen subrayar unas y otras es completamente diferente.

En lugar de eso, empieza por leer en diagonal el texto: lee los títulos y epígrafes, y las figuras, y a continuación hazte una idea sobre qué trata. Después, plantea algunas preguntas que piensas que este texto te ayudará a responder, y solo entonces, lee. Una vez leído, trata de contárselo a alguien (o de hacer ver que se lo cuentas a alguien en la soledad de tu habitación). Finalmente, revisa: ¿puedes responder a las preguntas que te planteaste inicialmente?

Lo importante de este método es que te hace pensar en tu objetivo antes de empezar la lectura, y conectar lo que vas leyendo con ese objetivo a través de preguntas. Tomar notas mientras lees es también muy buena idea, y probablemente la más utilizada por las personas que conozco que tienen que extraer ideas concretas de grandes volúmenes de texto.

Otra clave es preparar preguntas en varios niveles de comprensión, como hemos visto en capítulos anteriores. Por ejemplo, puedes preguntarte por la definición de un término, pero ya hemos repetido muchas veces que lo esencial es conectar ideas. Aprendemos mucho mejor algo con significado que algo sin significado. De igual manera, una forma excelente de mejorar la habilidad de detectar el principio general a aplicar en un problema es encontrar distintos ejemplos de ese mismo principio y compararlos.

Ideas clave del capítulo

1. Practica el conocimiento que forma los cimientos de lo que quieres aprender hasta conseguir una fluidez que te permita pensar mientras lo ejercitas. Por ejemplo, con la lectura.

2. No vale con repetir de cualquier manera, existe práctica en la que aprendes y práctica en la que no. Ten en cuenta «los 5 principios de la práctica deliberada».

3. Intercala pequeñas dificultades: deja pasar un tiempo para repasar y mezcla diferentes aspectos de la práctica. Varía la práctica para poder enfrentarte siempre a pequeños desafíos.

4. No es lo mismo saber, comprender y saber usar. Evalúa lo que eres capaz de conseguir, y trata de poner en práctica lo que aprendes para generar esquemas de relaciones profundas.

5. Practica deliberadamente procedimientos clave como la toma de notas o el uso de organizadores gráficos que permitan sintetizar y consolidar lo que aprendes.

Es el momento de concretar...

1. Me voy a centrar en desarrollar esta habilidad: _____
_____.

2. Para ello, voy a practicarla:
En el momento _____ dedicaré

_____ horas a _____

_____.

3. Voy a comprobar mi progreso pidiéndole consejo a
_____ o comparando el re-
sultado con lo que hice hace _____ días/semanas.

4. Voy a recordar los aspectos de mejora de esta manera
_____.

5. Empezaré de nuevo el punto 1.º después de _____
_____

_____.

6. Voy a realizar un gráfico de lo que voy a aprendiendo.
Empezaré por el tema _____
_____ y comprobaré después
que puedo explicar las relaciones representadas en el orga-
nizador.

5.
En blanco por falta de motivación

Lola sabe que dentro de tres semanas tendrá el examen que lleva preparando tanto tiempo. Durante los últimos días se ha sentido especialmente aburrida cuando empezaba a estudiar y, de hecho, anteayer y hoy el aburrimiento ha sido titánico. Ha preferido mirar distraída sus apuntes, mientras pensaba en todos los millones de actividades diferentes y más entretenidas que podría estar realizando durante este rato. Por ejemplo, podría haber quedado con su amiga Mareike, que reside en otra ciudad y hace muchísimo tiempo que no ve. Esta semana estaba de visita y le hubiera apetecido verla, pero no, ella estaba aquí sentada perdiendo el tiempo leyendo sobre un tema que le importa un bledo. Resulta difícil poner en palabras el tedio que experimenta, hasta asco siente delante de las palabras que aparecen ante ella como términos absurdos que la alejan de la diversión que tanto ansía. ¿Por qué se siente así, justo ahora, que es cuando se aproxima el momento más importante de su curso académico?

La motivación y el interés son constructos psicológicos que desempeñan un papel crucial en que seamos capaces de comprender nuestro comportamiento. Porque a veces nos pasa como a Lola, que no sabemos muy bien por qué actuamos de forma contraria a lo que deberíamos para lograr nuestros objetivos. Por eso hablamos de la motivación después de reflexionar sobre la atención y la memoria. No solo tenemos que conocer estrategias para aprender mejor, sino que debemos tener la voluntad de utilizarlas. Y de eso trata este capítulo, de cómo podemos cultivar el deseo de utilizar estrategias de aprendizaje más efectivas.

Aunque a menudo se utilizan de manera intercambiable, existen diferencias conceptuales importantes entre la motivación y el interés que requieren una comprensión precisa para su aplicación adecuada en el ámbito de la psicología humana. Por un lado, la motivación se refiere a los procesos internos y externos que activan, dirigen y mantienen el comportamiento orientado hacia metas. Es decir, estamos motivados hacia algo. No existe la motivación en general, no hay personas motivadas y desmotivadas, existen personas capaces de motivarse con metas pequeñas o lejanas, y otras personas que son incapaces de motivarse a no ser que se trate de metas grandiosas y que tienen al alcance de la mano. El factor temporal es muy importante, y por eso, más que buscar ser personas motivadas deberíamos esforzarnos en convertirnos en personas comprometidas. Con esto quiero decir que seamos capaces de fijarnos metas desafiantes y a medio plazo, y que consideremos importante el mero hecho de mantener esa meta. El compromiso con una meta es, en el fondo, un mecanismo de construcción de una identidad sólida que es capaz de mantenerse cuando las circunstancias se vuelven contrarias. Para esto, es importante revisar lo que hemos escrito sobre los hábitos.

Bajo el paraguas «desmotivación académica» agrupamos, por tanto, muchos problemas de índole diferente: puede ser un problema de incapacidad de sostener un compromiso y trabajo; también, que el valor asignado al éxito académico es muy bajo, y no compensa el esfuerzo que requiere; y puede ser que las expectativas sean muy bajas y que, por tanto, se utilicen comportamientos de evitación que veremos en los siguientes capítulos. Generalmente, será una combinación muy variable de estos elementos y otros diferentes. En este y en los siguientes capítulos trataremos de aportar vocabulario y procesos que expliquen y permitan conocer mejor esto de «no quiere hacer nada», que, como hemos dicho, en el fondo consiste en algo mucho más complejo.

La motivación está impulsada por una combinación de factores intrínsecos y extrínsecos, como necesidades, deseos, incentivos y recompensas. En toda esta parte nos basaremos en **dos teorías principales de la motivación**. Por un lado, «**la teoría de la autodeterminación**» de los profesores de Psicología Deci y Ryan (Edward L. Deci y Richard Ryan) postula que las personas tienen necesidades psicológicas básicas, como la competencia, la autonomía y la relación social, y cuando estas necesidades están satisfechas, se sienten motivadas. Por otro, «**la teoría de las expectativas y las metas**», esencialmente bajo la visión de Paul Pintrich, que sostiene que la motivación está influenciada por nuestras expectativas sobre los resultados de nuestras acciones.

La motivación, como ya hemos dicho, no es lo mismo que el interés. Por «interés» nos referimos a **la atracción cognitiva o emocional hacia un objeto, actividad o tema específico**, y se caracteriza por **la disposición intrínseca del individuo a involucrarse y explorar dicho objeto o tema.** El interés puede surgir de experiencias previas, exposiciones repetidas o factores personales, como la curiosidad y las preferencias individuales. A diferencia de la motivación, el interés no implica necesariamente una orientación hacia una meta específica o un resultado externo.

El interés puede ser amplio, abarcando dominios generales, como el interés por la música o la ciencia, o puede ser más específico, centrándose en áreas o aspectos particulares dentro de esos dominios. Además, el interés puede actuar como un facilitador de la motivación al aumentar el nivel de compromiso y esfuerzo invertido en una actividad específica.

En resumen, mientras que la motivación se refiere a los procesos internos y externos que impulsan y mantienen el comportamiento orientado hacia metas, el interés se refiere a la atracción cognitiva o emocional hacia un objeto, actividad o tema específico. Si bien la motivación puede ser intrínseca o extrínseca, el interés se basa principalmente en factores intrínsecos. Por ejemplo, puedes estar muy interesada en la música, pero no estar motivada para aprender a tocar un instrumento; y lo mismo se puede dar, pero al contrario: puedes no tener ningún interés en la música, pero estar motivado para aprender a tocar la guitarra y así integrarte mejor en el barrio.

Una falsa alternativa

Antes de trabajar como docente y de leer mucho sobre la motivación creía que tenía dos variaciones: extrínseca e intrínseca. Veía una relación disyuntiva entre ellas: o una o la otra. En mi opinión, la **motivación extrínseca** (la «mala») tenía que ver con el cumplimiento, las sanciones y las recompensas impuestas por otros, mientras que la **motivación intrínseca** (la supuestamente «buena») parecía una especie de utopía, un mundo de color de rosa en el que mis alumnos y yo estaríamos preparados para cualquier reto que se nos presentara, impulsados por el puro interés, el disfrute y la sensación de profunda satisfacción en todo lo que hacíamos.

Dos autores que me han enseñado mucho sobre la motivación son los profesores y expertos en educación británicos Peps McCrea y Rob Coe. Ambos se basan a su vez (esto es lo bonito de la ciencia, que se construye siempre sobre lo que otros han averiguado o pensado) en la «teoría de la autodeterminación» que ya hemos introducido. En resumen, se distinguen dos tipos de motivación. La primera es la **motivación autónoma**, en la que un individuo tiene una sensación de voluntad o control, que puede provenir de factores intrínsecos o extrínsecos. La segunda es la **motivación controlada**, en la que un individuo siente presión (ya sea a través de recompensas o castigos explícitos, o a través de sentimientos internos como la culpa o la vergüenza) para pensar o comportarse de determinadas maneras.

Vamos a empezar por la segunda, la famosa motivación extrínseca. Quizá te sorprenda, pero puede dividirse en conceptos más específicos y manejables.

Por un lado, tenemos la **regulación externa**, aquella en la que nuestros comportamientos son el resultado de recompensas y castigos impuestos externamente. Por ejemplo, me motiva pagar por una hora de aparcamiento porque sé que la multa habitual es grande, aunque en realidad no entiendo por qué tengo que pagar por aparcar frente al hospital cuando acompaño a mi abuela al médico. La regulación externa ha sido excesivamente utilizada en el aprendizaje, de manera que a veces se transforma en una carrera de premios y castigos, erosionando el papel que tiene aprender en la construcción de mejores personas y sociedades. No puedo recomendar mejor libro en este sentido que *La utilidad de lo inútil*, del ensayista italiano Nuccio Ordine.

En contraposición, existe **la regulación introyectada**, que consiste en la internalización parcial de una motivación extrínseca. Por ejemplo, me motiva mejorar mi inglés, no porque quiera, sino porque no quiero que personas cuya opinión es importante para mí (por ejemplo, en un congreso científico con investigadores a los que admiro) piensen que hablo mal inglés. Se encuentra a medio camino entre lo extrínseco y lo intrínseco, como cuando queremos obtener un buen resultado porque la opinión de nuestros familiares es importante y sabemos que les satisfará que logremos un éxito.

A su vez también tenemos la **regulación identificada**, que es aquella en la que vemos un valor real en una actividad concreta. Por ejemplo, me motiva asistir a una reunión de la junta de vecinos porque creo que hay aspectos que se pueden mejorar en la gestión de la comunidad. Cuando hablemos de autorregulación, este proceso será realmente importante, porque por poner un ejemplo no es lo mismo aprender algo por un premio, o para que nuestra madre se sienta bien, que aprender algo porque le vemos un valor en sí mismo. En este caso, los mecanismos motivacionales serán bien distintos y mucho más adaptativos y versátiles.

Y, finalmente, existe la **regulación integrada**, cuando nos identificamos con el valor de una actividad o tarea y sentimos que coincide con nuestros intereses o valores. Me motiva participar en un voluntariado porque lo considero importante, y forma parte de lo que quiero que forme parte de mi identidad. Por ejemplo, aprender determinadas tecnologías puede afianzar mi autoestima dentro de un trabajo o una empresa en la que no me siento especialmente valorado. Pero, si soy el único que sabe utilizar la herramienta X, eso me dará valor como trabajador. Por tanto, aprender a usarla será muy motivador.

Cuando pensamos en nuestro aprendizaje podemos apoyarnos en cualquiera de estas regulaciones, **o lo que es mejor,**

podemos apoyarnos en todas: queremos dedicar tiempo de trabajo porque, si no, no accederemos al puesto o a la carrera que queremos, o también porque no queremos defraudar a nuestros familiares y amigos, o tal vez porque pensamos que podemos hacer cosas buenas y valiosas en ese futuro trabajo. Y, finalmente, porque llegar a ese trabajo forma parte de un futuro que yo quiero conseguir.

En este sentido, te invito a reflexionar en cada uno de estos aspectos de la regulación. ¿Cuál es más importante para ti? ¿En cuál te sueles apoyar con más frecuencia? ¿Descubres nuevas maneras de potenciar tu trabajo? Lo que sucede con la motivación externa es que nos puede convertir en rehenes de las recompensas. Eso es algo que, como puede intuirse, tiene sus peligros.

Un poquito de cerebro

Evolutivamente hablando, somos máquinas de aprender: estamos hechos para percibir nuestro entorno, registrar nuevas experiencias y adaptarnos en consecuencia. Seguro que en los días previos a tu lectura de este capítulo has utilizado ese mecanismo de supervivencia para disfrutar de una buena conversación o una buena serie. Desafortunadamente, estos placeres modernos son cada vez más pasivos y nos impiden conectar activamente con nuevas experiencias de aprendizaje.

En blanco por falta de motivación

Décadas de investigación neurocientífica nos han descubierto que lo que conocemos como experiencias placenteras tienen que ver con el circuito de recompensa. Implica al «área tegmental ventral», el «núcleo accumbens» (la parte del cerebro que mató de placer a las ratas), la «sustancia negra» y el «cuerpo estriado». Este circuito estimula la liberación de dopamina, cuya función tiene que ver con los sentimientos positivos. Además, este circuito está relacionado con la corteza prefrontal y el hipocampo, dos áreas implicadas en la memoria. Por esta razón, podemos afirmar con seguridad que el aprendizaje y las emociones guardan relación, y por eso dedicaremos a ese tema una parte importante de los siguientes capítulos.

¿Cómo podemos utilizar el circuito de recompensa al servicio del aprendizaje? Numerosos estudios han demostrado la relación de la curiosidad con este circuito. En un estudio de 2016, Wang y sus colaboradores pidieron a algunas personas clasificar su nivel de curiosidad en diferentes preguntas de trivial. Luego, mientras se tomaban imágenes del cerebro, aparecían esas mismas preguntas del trivial y, tras unos segundos, su respuesta. La actividad cerebral era mayor en el circuito de recompensa en las preguntas que generaban mayor curiosidad. Lo interesante es que esa actividad era mayor cuando se veía la pregunta que cuando se veía la respuesta. Todo esto, aparentemente más teórico, te lo cuento para llegar a la siguiente conclusión: **el deseo de aprender más que la respuesta en sí misma era lo que activaba el circuito de recompensa. O, dicho de otra manera, la motivación** extrínseca mediante recompensas tiene que estar siempre al servicio de un objetivo: convertir el aprendizaje en la mejor recompensa.

El espinoso tema de la diversión

Las implicaciones de este descubrimiento para los objetivos de este libro no son pocas: cultivar el deseo de aprender, y que el aprendizaje sea una recompensa en sí misma, debería ser uno de nuestros objetivos principales. Un objetivo al que podemos llegar, paradójicamente, mediante pequeñas recompensas. Me gusta poner siempre el mismo ejemplo: a Mónica y a mí nos encanta la montaña. Cuando nuestros hijos eran pequeños, empezamos a realizar rutas de montaña con ellos; sin embargo, para dos docentes era un poco frustrante pasar el sábado tratando de conseguir que unos niños hicieran algo que en realidad no querían hacer —se supone que eso es lo que intentamos hacer de lunes a viernes—.

Para conseguir que caminaran, les dábamos pequeños trozos de fiambre, queso o chocolate durante el camino, así que estas pequeñas recompensas acostumbraron a Inés y a Gonzalo a las caminatas de montaña. Con el tiempo, fueron descubriendo otras recompensas: ver algún animal como un corzo o un águila calzada, recibir halagos de otros caminantes, encontrar una pradera estupenda para jugar… Esas pequeñas recompensas fueron forjando su idea de la montaña.

Hoy, se definen como montañeros. Las recompensas ayudaron a construir el hábito.

Sin embargo, en los estudios del psicólogo e investigador sueco Anders Ericsson sobre atletas, músicos y jugadores de ajedrez excepcionales se muestra con claridad una conclusión inequívoca: mejorar es difícil, y no se divertían mucho en el trabajo que requería mejorar. En entrevistas con músicos excelentes, atletas olímpicos y maestros del ajedrez, la práctica era percibida como bastante exigente y poco divertida, pero estas personas estaban motivadas para practicar intensamente y con toda su concentración porque entendían que esta práctica era esencial para mejorarles como atletas, músicos o ajedrecistas. En definitiva, la diversión es el inicio del camino de los principiantes. Son las primeras pedaladas que das cuando arrancas con la bicicleta, las que ponen en marcha la maquinaria. Necesarias al principio, sin embargo, depender de ellas durante un proceso largo de aprendizaje llega a ser peligroso.

Es evidente que si estudias es también porque quieres conseguir algo, porque el deseo de aprender es un motor esencial del aprendizaje. Es fácil de decir, pero muy complicado de conseguir. Es un camino jalonado de pequeñas recompensas que tienen que sustentar el hábito mientras se forma. Aunque intentaremos dar respuestas a estas inquietudes, hay un primer factor que te invito a considerar: cómo utilizas el lenguaje. ¿A qué te refieres cuando hablas del aprendizaje propio o ajeno, al aprendizaje o al resultado, a las recompensas o castigos asociados?

En esta misma línea te invito a preguntarte cuando estudies: ¿esto me gusta o no, por qué? Cuando respondemos a estas preguntas y enumeramos las razones por las que nos gusta o no, juntamos las emociones con la experiencia del aprendizaje. ¿Cuál es tu personaje favorito de esta época de la historia? ¿Qué enfermedades hay en tu familia relacionadas con este tema? Son preguntas abiertas sin una respuesta correcta fija, que implican a los circuitos neuronales descritos anteriormente y nos obligan a atender y a organizar nuestro conocimiento. Una manera de generar significado es contar historias. Por su propia naturaleza, las historias ofrecen su esquema: tienen un comienzo, un desarrollo y un final. Además, están enmarcadas sobre una serie de preguntas, como, por ejemplo, ¿qué pasará después? Capturan nuestra atención guiando nuestros pensamientos y despertando nuestra curiosidad sobre lo que vendrá después.

Otra implicación de todo esto es que las actividades que afectan a los circuitos de recompensa, como ciertos videojuegos o las apuestas, generan un efecto en el aprendizaje. Al acostumbrar al cerebro a dosis altas y recurrentes de dopamina le enseñamos a necesitar estas dosis para activar el circuito de recompensa y, por tanto, a ser más pasivo frente al aprendizaje. La falta de motivación de algunas personas se explica así también por la adicción a los chutes de dopamina de sus aficiones. Además, la recompensa que nos proporcionan estas actividades es una golosina para nuestro cerebro, algo de lo que hablaremos justo ahora.

Hechos para lo inmediato

La baja tolerancia a la frustración tiene una base neuronal. Nuestro sistema límbico y las partes del cerebro que buscan recompensas inmediatas, como aquella parte que mató de placer a las ratas en el capítulo 2, entran en conflicto con nuestra corteza prefrontal, que entiende demasiado bien las consecuencias de aceptar cualquier estímulo placentero. La dopamina en la corteza nos ayuda a enfocarnos y perseverar, mientras que en el sistema límbico nos permite sentir placer. Nuestro cerebro ha evolucionado para privilegiar los beneficios a corto plazo, porque hace 20 000 años ningún *Homo sapiens* tenía un plan de carrera ni un plan de pensiones. Por eso, las recompensas que no llegan nos generan un vacío de dopamina que experimentamos como desazón, aburrimiento y hastío.

Piers Steel es un psicólogo experto en ciencias de la motivación y en la procrastinación, es decir, en comprender por qué tenemos esa tendencia renuente a retrasar aquello que sabemos costoso. Este científico identifica dos falsas creencias que nos empujan a procrastinar: primero, que la vida debe ser fácil, y segundo, que nuestra valía depende de nuestros éxitos. Ha creado una fórmula para cuantificar la probabilidad de que procrastinemos. El neurocientífico estadounidense Daniel Levitin, en su excelente libro *The Organized Mind*, añade un elemento más y nos deja esta fórmula:

$$\text{Procrastinación} = \frac{\text{Tiempo para completar x distracción x retraso}}{\text{Autoconfianza x valor}}$$

Esta fórmula nos ayuda bastante a entender por qué tendemos a desmotivarnos en el estudio. Los elementos en la parte superior de la fracción son aquellos que aumentan nuestras ganas de posponer el esfuerzo. El estudio es una tarea que no nos aporta muchas recompensas inmediatas. Por el contrario, nuestro cerebro siente una atracción inmediata hacia actividades placenteras o que generan una gratificación instantánea. El tiempo que requiere completar una tarea es también el tiempo que nos queda para que llegue la recompensa de haber hecho esa tarea. Sobre las distracciones ya hablamos en los primeros capítulos, y todo ello nos hace acumular un retraso que también nos desanima de seguir intentándolo.

Sin embargo, lo interesante son los dos elementos que disminuyen la procrastinación: los de la parte inferior de la ecuación. La autoconfianza y el valor que le asignamos a la tarea son los elementos en los que ayudarnos para no posponer nuestro esfuerzo. Levitin argumenta que, cuando nos sentimos abrumados, estresados o temerosos de fracasar en una tarea, nuestro cerebro busca alivio emocional y nos impulsa a posponerla. Esta asociación negativa puede generar una sensación de ansiedad y dificultar aún más nuestra disposición para abordar la tarea. Si nos enfrentamos a una tarea compleja o desconocida, es probable que nos sintamos inseguros o intimidados.

Esta falta de confianza puede llevarnos a procrastinar, buscando posponer el momento de lidiar con algo que nos resulta incómodo o desafiante. Sin embargo, es importante recordar que la procrastinación no nos libera del estrés o la ansiedad asociados a la tarea, sino que prolonga y aumenta estos sentimientos. Por lo tanto, enfrentar las tareas de manera proactiva nos permite obtener una sensación de logro y bienestar a largo plazo.

En un libro que ya hemos citado, *Flow*, del psicólogo Mihály Csíkszentmihályi (lo repito solo para desafiarme a escribir de nuevo su apellido), se desarrolla una idea interesante en este sentido. Al comer sientes placer, porque satisface una necesidad. Pero tienes que gastar atención y hacer una inversión de esfuerzo atencional para disfrutar de los matices de una comida *gourmet*. Pero uno mismo no crece a base de experiencias placenteras. Crecer implica gastar energía en ideas y acciones que son nuevas, desafiantes. Podemos experimentar placer sin ningún coste atencional. Pero el gozo solo resulta de una inversión inusual de atención. Por eso mismo, dotar de valor a una tarea requiere invertir energía psíquica en objetivos que son nuevos a largo plazo.

El psicólogo Albert Bandura nos recuerda aquí un aspecto fundamental: los individuos que recompensan sus propios logros consiguen más que los que no lo hacen. Pero el ejemplo es el vehículo principal a través del cual las familias, escuelas y comunidades transmitimos habilidades de autorregulación como la persistencia, el elogio y la adaptación. Cuando los modelos sociales muestran impulsividad y poca autocrítica se favorecen las reacciones defensivas: evitar los problemas mediante la apatía es el lamentable ejemplo que podemos estar transmitiendo mediante el aprendizaje social.

En blanco

Busca la autonomía en la motivación

Unas páginas más atrás te proponía que buscaras la motivación en diversas fuentes de regulación. Quizá te preguntaras entonces si funcionar con recompensas, castigos o en función de las expectativas de tu familia es algo positivo, y tenías razón, existe un lado oscuro en esas formas de regulación y es que, en el fondo, implican poner tu motivación fuera de ti mismo. Por eso hemos hablado, en los dos últimos epígrafes, de los factores que afectan a tu autonomía, que es lo que más nos interesa.

Por eso ahora vamos a dedicar unas palabras a la motivación autónoma, caracterizada por un sentimiento de voluntad interna, y que se fomenta cuando los individuos sentimos que se satisfacen tres necesidades básicas: autonomía, competencia y relación.

Con autonomía nos referimos a que un individuo sienta que elige su comportamiento y que este se encuentra alineado con sus valores e intereses (regulación integrada). Por ejemplo, un interesante experimento publicado en 2010 comparaba los efectos de dos enfoques diferentes en cuanto a los deberes. Durante una lección a un grupo de estudiantes de Secundaria se les posibilitó elegir entre dos opciones para los deberes que debían realizar en casa, mientras que al otro grupo no se le dio ninguna opción. En estas condiciones experimentales, ofrecer a los alumnos la posibilidad de elegir tuvo un efecto positivo en sus sentimientos de motivación intrínseca para hacer los deberes, y también en la sensación de autonomía sobre los mismos. Esto influyó en su rendimiento posterior en los exámenes, mejorando en el grupo que había podido elegir sus deberes. Cualquiera que haya cuidado a niños puede reconocer esta estrategia: preguntar al niño qué fruta prefiere suele ser mucho más efectivo que preguntar si quiere fruta o no. Por eso es importante que te recuerdes a menudo qué opciones estás tomando y por qué las estás tomando. El hecho de hacerte dueño de tu decisión, aunque sepas que hay factores y condiciones, es un factor motivante muy importante.

Por otro lado, sentirse competente significa sentirse capaz de producir los resultados deseados y evitar los indeseables. Algo de esto hemos dicho cuando hablábamos de dificultades deseables, que nos ayudan a sentir que hemos logrado algo suficientemente desafiante. Una tarea deseablemente difícil es aquella que supone un reto suficiente para nosotros en nuestro estado actual de conocimientos, comprensión o destreza. Puede ser diferente para cada individuo; por ejemplo, un reto deseablemente difícil para alguien poco organizado podría ser llegar a clase a tiempo con el equipo correcto.

Como dice el experto en Educación Peps Mccrea: «El éxito es uno de los motores más poderosos de la motivación para aprender». Sin la convicción de que el éxito es probable, los esfuerzos iniciales decaerán rápidamente, antes de ser sustituidos por la apatía y, finalmente, por la evitación. Con el tiempo, el fracaso repetido puede llevar a creencias muy arraigadas, y por eso hablaremos de las creencias en algunas páginas de este libro. Creencias como que no puedo hacerlo, que no sirve para nada... Si no se controlan, estas creencias pueden convertirse en profecías autocumplidas y erigir barreras para el aprendizaje futuro. Los que hemos enseñado a alumnos con este tipo de creencias sabemos lo divisivas que pueden llegar a ser. El coste de las bajas expectativas puede ser catastrófico y difícilmente reversible. Y al contrario: hacerlo bien conduce a un sentimiento de eficacia superior.

De esta manera, **el logro precede a la motivación, y no a la inversa, debido a que el logro es el resultado tangible y visible de nuestros esfuerzos.** Cuando logramos algo, ya sea grande o pequeño, experimentamos una sensación de satisfacción y éxito. Estos logros nos impulsan a seguir adelante y nos brindan la motivación necesaria para enfrentar nuevos desafíos. Es a través de la experiencia de lograr algo que se fortalece nuestra confianza y creemos en nuestras propias habilidades, lo cual nos motiva a esforzarnos más y a alcanzar metas aún más ambiciosas.

La motivación, por otro lado, puede ser volátil y fluctuante. A menudo, depende de factores externos o internos que pueden cambiar rápidamente. Si esperamos a tener la motivación perfecta antes de comenzar a tomar medidas, es posible que nunca logremos nada. **Por el contrario, si nos enfocamos en tomar pequeñas acciones y lograr pequeños éxitos, estos se acumulan y generan un impulso positivo.**

Este impulso nos ayuda a mantenernos motivados incluso cuando enfrentamos obstáculos o momentos de falta de inspiración.

Además, el logro precede a la motivación porque los logros nos brindan evidencia concreta de que nuestras acciones y esfuerzos están dando resultados. Cuando alcanzamos una meta nos damos cuenta de que nuestras acciones tienen un impacto real y tangible en nuestra vida. Esto refuerza nuestra creencia de que podemos lograr metas aún mayores si seguimos adelante. En contraste, si esperamos a tener la motivación para comenzar, podemos quedar atrapados en un ciclo de inacción y falta de progreso. El logro nos muestra que somos capaces de realizar logros importantes, lo cual nos impulsa a continuar y a superar obstáculos en el camino hacia nuevas metas.

Hay otros factores muy obvios, pero a los que muchas veces no prestamos atención. Por ejemplo, la fatiga física y mental suele disminuir el logro, igual que la activación emocional intensa. Todos estos factores aumentan la carga cognitiva, agotando la capacidad de nuestra cognición para lidiar con los desafíos. Cuidar estos aspectos también influye en el logro y, por tanto, en la motivación.

Evidentemente, no existe una receta única ni sencilla para desarrollar esos sentimientos de autonomía y competencia. Como cabría esperar, las personas que están motivadas para estudiar, aprender, comprometerse y tener éxito tienen más probabilidades de lograrlo; pero no deberíamos rehuir la idea de la motivación extrínseca, sino ver su valor y sentirnos capacitados para utilizarla en apoyo de nuestro crecimiento personal.

Ponerse objetivos poquito a poco

Una manera de conseguir mejorar nuestros sentimientos de autonomía y competencia nos la aporta la «**teoría de las pequeñas metas**». Sugiere que dividir una gran meta en pequeñas metas alcanzables y medibles puede aumentar la probabilidad de éxito en la consecución de la meta principal. Esta teoría se basa en la idea de que las pequeñas metas proporcionan una sensación de progreso y motivación, lo que aumenta la confianza y el compromiso para lograr la meta final.

Al dividir una gran meta en pequeñas metas es importante establecer un plan de acción que incluya hitos específicos y fechas límite para cada una de las metas. Esto ayuda a mantener el enfoque y la disciplina necesarios para alcanzar la meta principal. Además, establecer pequeñas metas permite la retroalimentación y la evaluación continua, lo que permite ajustar y mejorar el proceso a medida que se avanza.

La «teoría de las pequeñas metas» también sugiere que celebrar cada pequeña victoria ayuda a mantener la motivación y el entusiasmo para alcanzar la meta final. La celebración de pequeños logros ayuda a mantener una actitud positiva y enfocada en el progreso, en lugar de en la meta final, lo que ayuda a reducir el estrés y la ansiedad asociados con la consecución de grandes objetivos.

En resumen, la teoría de las pequeñas metas es una estrategia efectiva para lograr grandes objetivos. Dividir una gran meta en pequeñas metas alcanzables y medibles ayuda a mantener el enfoque y la motivación necesarios para alcanzar la meta principal. Además, establecer un plan de acción con hitos específicos y fechas límite, celebrar cada pequeña victoria y permitir la evaluación y el ajuste continuo del proceso, son elementos clave de la teoría de las pequeñas metas.

Por otra parte, es interesante volver de nuevo a la idea de las dificultades deseables. Desde hace muchas décadas sabemos que el aprendizaje suele ocurrir justo fuera de tu zona de confort: un lugar en el que te sientes desafiado, pero no demasiado desafiado. Los niveles óptimos de motivación se alcanzan al trabajar en una tarea que está justo en el límite de nuestras habilidades actuales. No demasiado complicada, solo lo justo. Una dificultad deseable. Bastante por debajo de la dificultad deseable se encuentra el peor enemigo de la motivación: el aburrimiento. Recordemos que, según un estudio de la consultora Nielsen, el 68 % de los adultos usamos el móvil principalmente por aburrimiento, lo que explica bastantes cosas de qué va pasando con nuestra capacidad de motivarnos con estímulos que no son lo suficientemente llamativos. Y bastante por encima, otro gran enemigo: la desesperanza, de la que hablaremos en el siguiente capítulo.

Ideas clave del capítulo

1. Utiliza la motivación extrínseca para conseguir sostener tu compromiso en el aprendizaje.

2. Aunque ten cuidado, no puedes depender exclusivamente de la motivación extrínseca y de la diversión. Utiliza metas a corto plazo y objetivos que sean asequibles y alcanzables.

3. Tener éxito en esos pequeños objetivos aumentará la sensación de logro, que es el motor principal de la motivación intrínseca.

4. No esperes a estar motivado para alcanzar tu meta, utiliza distintas estrategias para alcanzar una pequeña parte de la meta y que eso te motive a seguir consiguiendo otras pequeñas partes de la meta, hasta que la culmines por completo.

6.
Focalizando en la autorregulación para ser independiente de la motivación

Llegamos a un capítulo que, en el fondo, tiene que ver con todo lo que hemos desarrollado hasta ahora. A estas alturas del libro, espero que al menos alguna idea te haya parecido relevante e interesante para ponerla en práctica. Sin embargo, no podrás llevarla a cabo sin tu **capacidad de autorregulación**. Es decir, la capacidad de ajustar tu comportamiento al desempeño en una situación anterior; puedes tener muy buenas intenciones, haber tomado buena nota de algunas de las ideas que te propongo y, sin embargo, ser absolutamente incapaz de llevarlas a cabo. Para ayudarte en que eso no te pase, te presento este capítulo.

Porque podemos volver a fijarnos en los ejemplos de los capítulos uno, tres y cinco: Laura, Alex y Lola. ¿Qué pueden mejorar sin ser capaces de autorregular su comportamiento? Dicho de otra manera: sin capacidad de orientar sistemáticamente sus pensamientos, sentimientos y acciones a la consecución de unos objetivos.

Podemos pensar en Laura, que pierde el tiempo en mil distracciones; y también en Alex, que falla cuando tiene que ponerse a escribir lo que se supone que ha aprendido; y finalmente, veamos el ejemplo de Lola: probablemente esa sensación de aburrimiento en los tramos cercanos a una prueba importante es algo habitual en ella.

Resulta muy probable que a Laura, Alex y Lola estas cosas ya les hayan afectado en el pasado. ¿Ha cambiado su forma de actuar? Aparentemente, no. Siguen esperando que la atención, la memoria y la motivación lleguen como la lluvia en primavera, mientras que esas situaciones se suceden recurrentemente. Algo parecido me pasaba a mí en la carrera, como he contado en la introducción al libro. Sabía que la manera de enfrentarme a las asignaturas y a los exámenes no era la adecuada y, sin embargo, mi comportamiento no se reajustaba. Hacía lo mismo una y otra vez, esperando un resultado diferente que nunca llegaba. La autorregulación es precisamente esto: **capacidad de cambiar de comportamiento en función de lo que nos ha pasado con anterioridad.**

En el fondo, se trata de un proceso cíclico: el resultado de lo que hicimos entonces nos aporta una retroalimentación para lo que estamos haciendo ahora. Si reconozco que en los días previos a una prueba importante me desinflo, tengo que planificar qué voy a hacer esos días. Esta planificación es fundamental, así que permíteme que me repita: **no es bueno depender de nuestro estado de ánimo, voluble e impredecible. La planificación es una manera excelente de ganar en independencia a la hora de conseguir nuestros objetivos.**

Esta planificación puede suceder a tres niveles:

1. **Comportamiento:** nos observamos a nosotros mismos y decidimos cambiar, por ejemplo, de estrategias de aprendizaje (para eso existe este libro).

2. **Entorno:** observamos el entorno y lo cambiamos, por ejemplo, las condiciones de luz, ruido, ambiente de estudio. Algo de esto ya hemos dicho en los primeros capítulos.

3. **Introspectivo:** observamos nuestro estado afectivo y emocional, y decidimos, por ejemplo, poner música relajante y respirar hondo unos minutos.

Como dijimos en el capítulo anterior, es fundamental planificar unos objetivos que además tengan una estructura temporal jerárquica: los objetivos a corto plazo actúan como reguladores de los objetivos más lejanos. Por ejemplo, mi objetivo era estudiar todos los días de esta semana. Al lograrlo, comprendo que soy capaz de estudiar una semana más, y así sucesivamente. Pero estos pequeños «subobjetivos» **no funcionan si son comprobaciones mecánicas. Tienen que envolverse de significación personal como pruebas de que se está progresando.**

Los objetivos pueden definirse, por tanto, como principios guía que las personas nos fijamos consciente e intencionalmente para cambiar nuestro comportamiento y lograr nuestras metas. En el fondo existen dos grandes tipos de objetivos: los de «tener» y los de «ser». Para el propósito de este libro nos importan más los objetivos de ser: convertirnos en posibles mejores versiones de nosotros mismos en el aspecto del aprendizaje. Cuanto más alto se sitúe este objetivo en nuestra escala jerárquica, más contribuye a nuestra visión de nosotros mismos.

Lamentablemente, los objetivos se activan también de forma inconsciente, e impactan en el comportamiento de manera negativa. Por ello, existen objetivos crónicos: se activan rápidamente cuando percibimos un estímulo que desencadena un patrón de comportamientos automatizado. De este modo, es frecuente que el objetivo «proteger nuestra autoestima» se desencadene de manera automática cuando nos enfrentamos a cualquier tipo de evaluación, lo cual genera posibles comportamientos de hostilidad, pasividad o indefensión. Tristemente, nos ocurre a casi todos en ciertas situaciones. Identificarlas es la clave y, para ello, tenemos que empezar por las creencias.

Las creencias en nuestras posibilidades de éxito

Las habilidades de autorregulación son de poco valor si una persona no las usa. Por eso es esencial hablar de la autoeficacia, que se refiere a las creencias de las personas sobre si se tienen los medios para lograr progresar y alcanzar los objetivos. La teoría de la autoeficacia, desarrollada por el gran psicólogo Albert Bandura, sostiene que nuestras creencias juegan un papel fundamental en cómo nos enfrentamos a los desafíos de la vida. Según Bandura, la autoeficacia no consiste solo en tener habilidades o conocimientos, sino en creer en nuestra capacidad para utilizarlos de manera efectiva. De este modo, podemos identificar patrones que nos han llevado al éxito anteriormente, así como vincular esos patrones a un resultado que es relevante para nuestros objetivos. A su vez, esto genera atención dirigida y enfocada al éxito.

Por el contrario, la detección de una categoría perceptual como «situación de examen» puede desencadenar reacciones dirigidas a proteger nuestro ego y recuperar nuestro bienestar. Retomamos aquí uno de los estudios originales de la profesora de psicología social Carol Dweck. Dos grupos de estudiantes de igual habilidad académica. Cuando tienen éxito en alguna actividad, no difieren ni en el interés mostrado ni en el uso de estrategias cognitivas como las que hemos presentado en este libro. La diferencia entre los dos grupos ocurre cuando fracasan: el primer grupo reacciona con más entusiasmo frente a los obstáculos, aumentando el esfuerzo e implicándose más durante el procedimiento de resolución de la actividad. El otro grupo empieza a verbalizar emociones negativas, hablando sobre la irrelevancia de la tarea, y minimiza el fracaso explicando sus habilidades para otras tareas. ¿En qué grupo estarías tú? ¿Podemos mejorar estas creencias? Parece ser que sí. Para ello, es importante considerar pausadamente lo que requiere lidiar con la situación, y si podemos hacerlo en las circunstancias actuales.

Para evitar confusiones, introducimos aquí la **diferencia entre la autoeficacia y las expectativas**. Utilizaremos la definición que he podido leer en los principales textos sobre autorregulación y de investigadores españoles como Ernesto Panadero. Como ya hemos dicho, la autoeficacia responde a la pregunta: ¿podré lograr mi objetivo? Y las expectativas responden a: ¿qué conseguiré logrando mi objetivo?

¿Qué determina la autoeficacia? Hay varios factores que influyen en la formación de nuestra autoeficacia. Uno de ellos es la experiencia previa de éxito o fracaso en situaciones similares. Si hemos logrado superar desafíos en el pasado, es más probable que nos sintamos seguros y confiados en nuestras habilidades para enfrentar nuevos retos. Por el contrario, si hemos experimentado fracasos repetidos, es posible que nuestra autoeficacia se vea debilitada. Por eso es esencial que te fijes objetivos que garanticen éxito a corto plazo. No te propongas estudiar medio libro, o quince días seguidos. **Empieza con un objetivo realista, que te anime a continuar.**

Además de la experiencia previa, las influencias sociales también desempeñan un papel importante en la formación de la autoeficacia. Bandura señala que observar a otras personas que tienen éxito en tareas similares puede fortalecer nuestra creencia en nuestras propias capacidades. De nuevo citamos el libro del psicólogo cognitivo Daniel T. Willingham *Outsmart Your Brain* («Sé más listo que tu cerebro», 2023), que nos habla de una idea bastante asentada en las universidades norteamericanas, pero que, tal vez, a nosotros nos suene extraña: los grupos de estudio. Se trata de grupos de estudiantes que se juntan para compartir el estudio de una misma asignatura, compartiendo dudas y apuntes, pero, sobre todo, tiempo de silencio estudiando lo mismo. La idea no nos debería parecer descabellada a estas alturas del libro. Por un lado, afianza el hábito, ya que es más difícil abandonar el compromiso cuando hay gente que nos acompaña. Haberte comprometido con el grupo de estudio los martes a las seis te ayudará a estudiar, al menos, los martes a las seis.

Por otro lado, ya dijimos que existen cada vez más personas que buscan en YouTube, en directo, personas que graban mientras estudian, y de esta forma se crea la sensación de que no están solas ni haciendo algo raro, pues llegas a pensar: el tipo de la pantalla hace lo mismo que yo. Del mismo modo, recibir apoyo y estímulo de personas significativas en nuestras vidas puede aumentar nuestra autoeficacia, por tanto, el papel de docentes y familias en este sentido es imprescindible.

Las creencias de eficacia influencian enormemente la utilización de estrategias de aprendizaje («¿para qué voy a leer este libro, si da igual lo que haga que nunca me sale bien?»), la gestión del tiempo académico («¿por qué voy a perder el tiempo si soy incapaz?») y la resistencia a una presión de grupo adversa («a mis amigos les da igual si apruebo o no»).

Las creencias de autoeficacia también influencian las metas que nos ponemos: cuanto más capaces nos vemos, aspiramos a metas más altas y con mayor nivel de compromiso en ellas. Los que tenemos dudas sobre nosotros mismos somos más propensos a abandonar. Por eso, de nuevo: **adapta las metas en procesos de jerarquía. Márcate objetivos progresivos, que te proporcionen pequeñas satisfacciones** intermedias mientras vas dominando lo que deseas aprender. No necesitas alcanzar la meta final para sentirte exitoso.

Hay numerosos estudios, como los trabajos del especialista en el comportamiento Daniel Schunk y del investigador educativo Reinhard Pekrun, de que alcanzar estos pequeños objetivos es intrínsecamente motivador, mucho más que alcanzar objetivos superlativos. Todos los modelos de regulación del aprendizaje asumen que lo esencial es disponer de objetivos con los que comparar y evaluar si el proceso continúa o hay que realizar algún cambio de estrategia. Como el termostato que tenemos en casa para ajustar la temperatura.

Quizás en este capítulo estabas esperando que hablara de la motivación intrínseca, ya que nos quedó pendiente en el capítulo anterior. Pues bien, aquí lo tienes: **la autorregulación y el autocontrol tienen una relación enorme con la motivación intrínseca.** Cuanto antes dejes de verla como una ráfaga de inspiración, antes podrás empezar a ponerte a trabajar en ella.

Maneras de ganar autocontrol

¿Qué podemos hacer entonces para ganar autocontrol? Una primera estrategia que nos puede ayudar es decirnos a nosotros mismos cómo debemos proceder (en voz alta o con nuestra voz interior) mientras realizamos una tarea. **Verbalizar lo que estamos haciendo** mientras lo hacemos mejora nuestro aprendizaje, y es la razón por la que vemos a muchos cocineros, músicos, artesanos, médicos y un largo etcétera hablando en voz alta mientras preparan una receta. Seguir los pasos en voz alta refuerza nuestra memoria procedimental, y lo puedes utilizar cuando escribes. Por ejemplo, puedes ir diciéndote a ti mismo: «ahora escribo la introducción, donde tengo que explicar bien qué voy a contar», «voy a defender estas tres ideas, cada una en un párrafo», y así sucesivamente.

Esta estrategia funciona también para mejorar el autocontrol cuando nos atascamos: «no sé cómo solucionar el problema, pero puedo ir probando lo que practiqué ayer con un problema parecido», o incluso «no sé cómo continuar este problema, pero es importante que no me ponga nervioso mientras busco una solución».

Muy relacionada con esta idea, otra manera de ganar autocontrol es imaginar estas situaciones cuando estás tranquilo en tu casa. Se utiliza muchísimo en el deporte, y es realmente más útil de lo que parece. Imagínate que estás en el lugar de la prueba, imagina qué vas a hacer primero, imagina que respondes a un problema de este tipo... Mientras imaginas, utiliza el *chunking* (partir en trocitos): divide la tarea en sus partes esenciales y reorganízalas para que tenga sentido o disminuya la dificultad.

La última estrategia te sonará, y es precisamente focalizar la atención. Como ya dijimos antes, es crucial que, durante el tiempo dedicado al estudio, nos enfoquemos en eliminar cualquier distracción y evitemos tener «vasos que llenar» sobre la mesa. Cada vaso que llenar son cosas que llaman nuestra atención, y nos distraen. A menudo se nos insta a depender de nuestra fuerza de voluntad, pero existen acciones previas que pueden ayudarnos a evitar tener que recurrir a ella. Por ejemplo, si deseamos dejar de comer donuts en casa, hay un método sencillo: no tener donuts en casa. Algo parecido sucede con esta poderosa herramienta de autocontrol. Es más fácil elegir no comprar donuts que elegir no comerlos cuando están en la despensa de nuestra propia casa.

Mirándonos el ombligo, en el buen sentido

Hemos hablado del autocontrol de una manera que quizá te parezca útil. **Para el autocontrol, la clave es la autobservación.** Ya ves que todas las palabras empiezan por «auto-», y por eso hablo de mirarnos el ombligo, pero para bien, para cosas útiles. La autobservación consiste en revisar qué tal lo estamos haciendo, nuestro desempeño. Cuanto antes, mejor, por lo general. Y si contamos con ayuda de los demás, mucho mejor. *Feedback* informativo, preciso. **Podemos grabar nuestras propias sesiones de estudio**, y luego analizar si nos levantamos, a dónde miramos, qué dicen nuestros labios. Esto nos ayuda a ver nuestros progresos, pero sobre todo a ser más precisos cuando pensamos en nuestro estudio, y también lo hace más significativo.

Este proceso puede realizarse también comparando con varias circunstancias: podemos compararnos con nosotros mismos en el pasado, pero también respecto a los objetivos que nos hayamos fijado (de ahí la importancia de escribirlos, véase el capítulo 2). **No es bueno compararse con los demás** en esto del estudio por varias razones. La primera es que la gente suele mentir cuando habla del tiempo que les dedica a las cosas, para exagerar su inteligencia o su estupidez en función de sus objetivos. La segunda es que tienden a enfatizar los aspectos negativos. Por ejemplo, imagina que pierdes una carrera a pesar de mejorar tu marca personal y correr más rápido que nunca en tu vida. Aquí entran en juego las metas, de las que ya hemos hablado. La relación entre las metas y el aprendizaje está más desarrollada en mi anterior libro *Educar en la complejidad*, publicado también por Plataforma Editorial.

Después de este momento de mirarse el ombligo, incluido yo mismo y mi libro (disculpa la mención al mismo), concluimos: **la motivación no tiene su origen en las metas en sí mismas, sino en las reacciones autoevaluativas de los comportamientos**, por ejemplo, en las inferencias, deducciones y relaciones causa-efecto que hacemos de nuestro propio desempeño. Si utilizamos como referencia a los demás, mala idea, pero si nuestra referencia somos nosotros mismos, nuestro propio progreso y aprendizaje, nuestras inferencias serán más adaptativas. Porque podemos cambiar lo que nosotros hacemos, pero difícilmente lo que hacen los demás.

Las inferencias, por último, **pueden ser adaptativas**, de manera que nos empujen a modificar factores que podemos cambiar. Por ejemplo, nuestras estrategias de estudio, que es de lo que estoy intentando convencerte página tras página. Pero las inferencias también pueden ser defensivas, para protegernos de manera primaria de una insatisfacción futura. La procrastinación, la apatía y la evitación son consecuencia de este tipo de inferencias y limitan nuestro crecimiento. Por eso, espero que en estas páginas encuentres razones para no inferir que no eres capaz, que no te apetece o que no merece la pena.

Disfunciones de la autorregulación

Los problemas de autorregulación tienen su origen en hábitos, creencias y estilos de vida. Por eso, su solución requiere de cambios arduos en el comportamiento, pero también en el entorno del hogar e incluso en el grupo de amigos. Desde un punto de vista del cognitivismo social (siempre tomamos como referencia los trabajos del psicólogo Albert Bandura), estos problemas se deben a técnicas muy poco eficaces de previsión y control de uno mismo. En lugar de utilizar métodos proactivos, e inferencias adaptativas, se utilizan métodos reactivos. Espero a los acontecimientos para ponerles remedio.

Los métodos reactivos no funcionan porque no nos dan la estructura de objetivos, planificación y sentido de la competencia personal. No nos hacen sentir dueños de nuestros propios actos. En lugar de eso, nos empujan a buscar correcciones *a posteriori*, con culpa y arrepentimiento. Los resultados se retrasan y a veces se malinterpretan («¿habré tenido suerte esta vez?»).

Además, las personas que utilizan métodos reactivos no tienen metas propias, de modo que utilizan las comparaciones sociales para evaluarse a sí mismas, a menudo de manera muy poco favorable. Todo esto provoca la creación de una creencia fija de poca eficacia y poca satisfacción con uno mismo. Y esto, a su vez, disminuye el interés y la capacidad de esfuerzo.

Como ya hemos dicho en otras partes, para salir de este atolladero proponemos los siguientes pasos:

1. Observación de un ejemplo o modelo.
2. Imitación del modelo, mediante la práctica deliberada (véase el capítulo 4).
3. Autocontrol en una situación conocida y estructurada.
4. Autorregulación en situaciones y contextos diferentes.

En un estudio llevado a cabo por Sarah Milne, Sheina Orbell y Paschal Sheeran buscaron la mejor forma de desarrollar hábitos sobre el ejercicio físico. Dividieron a 248 personas en tres grupos: las personas del primero simplemente tenían que registrar cuántas veces hacían ejercicio en dos semanas. Al segundo grupo se le explicó las ventajas del ejercicio físico, y les dieron lecturas para motivarles a realizarlo. El tercer grupo recibió la charla motivacional, pero además tenía que completar una frase del tipo: «en esta semana voy a realizar al menos veinte minutos de ejercicio, tal día a tal hora en tal sitio».

Después de lo que hemos desarrollado en los capítulos anteriores no nos sorprenderá el resultado: el tercer grupo fue el que consiguió aumentar las horas de ejercicio. Las investigadoras llamaron a esta frase intención de implementación. Este tipo de intenciones, expresadas en forma de frases, se han demostrado una ayuda eficaz a la hora de desarrollar hábitos. Por eso, cuando quieras dedicar tiempo para aprender una cosa, sé lo más específico que puedas en el tiempo, el momento y el lugar en el que vas a acostumbrarte a aprender esa cosa. Como decíamos antes, probablemente esta es la razón por la que seguimos apuntándonos a academias, cursos y sesiones de entrenamiento a pesar de la enorme cantidad de ayuda que tenemos de forma gratuita en internet. El monitor del gimnasio o el profesor de la academia nos generan un compromiso que significa que eso al final nos ayuda a ser constantes en el hábito.

Una vez dicho esto, quizá sea el momento de replantearte si puedes automatizar una rutina semejante sin tener que pagar a un asistente que te acompañe en el proceso. En el caso de aprender, es imprescindible asumir que al principio los efectos serán muy poco llamativos. Es lo que James Clear (autor del libro *Hábitos atómicos*) llama «el abismo de la desilusión»: esos primeros momentos en los que empiezas a hacer algo, pero los resultados no llegan. No desesperes, es muy normal. Lo importante es superar ese primer momento, y ahí es donde encaja todo lo que has leído antes sobre la motivación (y la razón por la que ese capítulo precede a este mismo).

El científico social estadounidense BJ Fogg nos habla de los hábitos como semillas: «Si plantas la semilla correcta en el lugar correcto, crecerá sin muchos cuidados». Esta es una buena metáfora sobre crear nuevos hábitos. La semilla correcta es el pequeño hábito, y el lugar adecuado es lo que viene después: la secuenciación y planificación de acciones que mantengan el hábito.

Para ello, el propio James Clear nos invita a escribir frases como intenciones: «Después de que pase "X", pondré en marcha "Y"», siendo «Y» el nuevo hábito. Por ejemplo: «después de comer, repasaré las notas de la mañana» es un hábito bastante asentado entre los alumnos de más éxito que me he ido encontrando en mis años como docente. Eso implica que, generalmente, antes de las siete de la tarde ya ha terminado casi siempre. Nosotros podemos hacer algo parecido. Quiero llamar la atención sobre lo específico de la hora y del hábito. No vale: «cuando termine de ver la serie, trabajaré un poco», porque quizá pases dos horas viendo la serie, y trabajar un poco puede significar cualquier cosa.

Otro consejo que también nos da es **diferenciar entre lo que necesitas y lo que quieres**. Por ejemplo, puedes querer tomarte una pizza, pero lo que necesitas es dedicar un par de horas de estudio más. Entonces es bueno encadenar ambas, de forma que la pizza sea la recompensa que sucede a la necesidad: «después de estudiar un par de horas más, me tomaré una pizza».

Ideas clave del capítulo

1. Fíjate objetivos concretos, cercanos y que puedas comprobar si los consigues o no. Los objetivos deben estar jerarquizados.

2. Establece formas y procesos de comprobar que cumples los objetivos. Ten cuidado con las relaciones de causa-efecto.

3. Trata de proponer relaciones de causa-efecto cuando no consigas los objetivos, explicitando posibles razones y formas de mejorar.

4. La autorregulación no depende de tu fuerza de voluntad, sino de lo consolidados que estén tus hábitos.

Es el momento de concretar...

OBJETIVO	COMPROBACIÓN
Repasar 4 temas	Prepara un test y sé capaz de realizarlo correctamente sin fallos 10 días después.

OBJETIVO	COMPROBACIÓN
Aprender 10 recetas nuevas	Cada sábado prepara una nueva receta para comer, invitando a una persona a que valore su calidad.
Pintar gráficos de barras en R	Realiza de manera autónoma el análisis del ejemplo propuesto en el curso.
Completa aquí...	Completa aquí...

7.

Focalizando en las emociones para lograr la autorregulación

Las emociones

En el capítulo 5 presentábamos el problema de la falta de motivación, y en el capítulo 6 proponíamos como solución el desarrollo de la autorregulación. Merece la pena, por tanto, dedicar un capítulo a un aspecto que impacta directamente en ambas: las emociones. Por eso, examinaremos las conexiones bidireccionales que existen entre las emociones, la motivación y la autorregulación. Las emociones pueden ser un poderoso motor que impulsa nuestra motivación, influyendo en nuestras metas y determinando la intensidad y la persistencia de nuestros esfuerzos. A su vez, nuestras motivaciones y metas pueden afectar la forma en que percibimos y respondemos emocionalmente a diversas situaciones. Del mismo modo, la autorregulación juega un papel crucial en cómo gestionamos nuestras emociones y motivaciones, manteniendo un equilibrio entre nuestros deseos inmediatos y nuestras metas a largo plazo.

Las emociones son ubicuas en nuestro día a día. Están en todas partes. ¿Te acuerdas de la última vez que hiciste un examen importante? Quizá tenías mucha esperanza en hacerlo bien, o mucho miedo de hacerlo mal, o quizá sentías desesperación porque no te sentías lo suficientemente preparado. Seguro que no te sentías indiferente. Estas emociones afectan a la atención, la motivación y las estrategias que utilizamos para aprender. Son, por tanto, un instrumento esencial para el crecimiento personal y el sentimiento de logro. Las enormes consecuencias de las experiencias emocionales se ven también tristemente reflejadas en las cifras de suicidio infantil y juvenil que venimos padeciendo.

Para empezar, definimos las emociones como una serie de procesos psicológicos coordinados que incluyen componentes afectivos, cognitivos, psicológicos, fisiológicos, motivacionales y expresivos. Por ejemplo, la emoción de ansiedad de una persona frente a un examen puede llevarla a experimentar nerviosismo e incomodidad (afectivo), preocupación por suspender (cognitivo), una activación cardiovascular intensa (fisiológico), impulsos para huir de situaciones semejantes (motivacional), y un largo etcétera. Los estados de ánimo no se corresponden exactamente con las emociones: son menos intensos y falta un objeto específico de referencia; los estados de ánimo pueden entenderse como emociones de baja intensidad y de menor duración.

Es un error considerar a las emociones como algo independiente del proceso cognitivo, son una parte sustancial del mismo. Lo siento, no puedes separar las emociones del proceso de aprendizaje. Esto, de nuevo, vuelve a tener sentido si consideramos nuestra evolución. Nuestro cerebro está programado para recordar el valle en el que fuimos atacados por lobos, o en el que encontramos un montón de frutas sabrosas y comestibles. De hecho, esto explica un fenómeno muy frecuente. Pongámonos en situación: vamos caminando por el valle de un río, en busca de alimento, y de repente aparece una manada de lobos frente a nosotros. De inmediato, una parte del interior de nuestro encéfalo se enciende: es la amígdala, que desencadena una respuesta de «lucha o huida». En milésimas de segundo empezamos a correr, por lo que nuestro flujo sanguíneo tiene que canalizarse a las extremidades, abandonando otras partes del cuerpo, como el propio cerebro. De inmediato, no pensamos, solo corremos con una energía desbocada. Llegamos a un lugar seguro, una emoción (el miedo) nos ha salvado.

Este mecanismo tan eficaz en un contexto natural resulta, sin embargo, muy pernicioso para nosotros. Pongámonos en situación: estamos sentados en una mesa, y nos colocan delante una hoja en blanco de la que depende nuestro futuro. De inmediato, el estrés inducido activa la amígdala, que ordena a la sangre que abandone el cerebro y se vaya a las extremidades. Nos ponemos a dar saltitos con el pie, tamborileamos los dedos en la mesa y nos quedamos en blanco. Nuestro cerebro está en las peores condiciones para poder pensar.

Aunque no lleguemos a ese extremo, y logremos mantener la calma, las emociones intensas ocuparán su espacio en

En blanco

la memoria de trabajo y dificultarán la evocación de lo que hayamos aprendido.

Además de eso, las emociones no son únicamente el contexto en el que ocurre el aprendizaje, sino que existen emociones propias del proceso de aprender que son las más importantes para lo que nos ocupa en este libro. En definitiva, el papel de las emociones sobre el aprendizaje es enorme. Para desgranar este aspecto vamos a diferenciar entre tres tipos de emociones:

1. Las emociones de logro se refieren a las que están relacionadas con la satisfacción de conseguir algo, ya sea un buen resultado o aprender una cosa. Podemos sentir emociones de logro al conseguir encestar tres triples seguidos, pintar una acuarela o recibiendo los resultados de una prueba escolar. A su vez, pueden agruparse de acuerdo con su valencia y su grado de activación (ver tabla). En términos de valencia, podemos distinguir emociones positivas y negativas: el gozo y la ansiedad respectivamente, por ejemplo. En términos de activación, hay emociones fisiológicamente activantes e inhibidoras: la excitación y la relajación, respectivamente, por ejemplo. Otra dimensión importante es el foco de atención: emociones centradas en la actividad y emociones centradas en el resultado.

EMOCIÓN			
POSITIVA		NEGATIVA	
Activante	Inhibidora	Activante	Inhibidora

Foco de aten-ción	Activi-dad	Diversión	Relajación	Rabia	Aburri-miento
	Resul-tado	Gozo	Satisfac-ción	Ansiedad	Tristeza
		Esperanza	Alivio	Vergüen-za	Desespe-ranza
		Orgullo		Ira	Decepción
		Gratitud			

Tabla 1. Tipos de emociones en función de su activación, valencia y foco de atención.

Esta tabla, parecida a la que ya compartí en mi libro *Educar en la complejidad*, no es para que te clasifiques a ti mismo. A mí, una persona un tanto analfabeta emocionalmente, me ayuda porque me aporta palabras que distinguen las emociones que siento. Creo que durante mucho tiempo confundí la rabia con la decepción. Entender esta tipología de las emociones nos ayuda a conocernos a nosotros mismos, y a intentar gestionar mejor lo que hacemos con lo que sentimos.

Por eso este libro, y en concreto este capítulo, no te dice cómo sentirte mejor. De hecho, creo que hacerte sentir mejor no te ayudará mucho. Lo que trato de aportarte son **estrategias que te ayuden a hacerlo mejor la próxima vez, que es la mejor manera de hacerte sentir mejor.** En definitiva, comprender el papel de las emociones en el aprendizaje es también aprender a asumirlas, buscando alternativas en la forma de aprender que te ayuden a hacerlo mejor, y de esta manera potenciar tu sentimiento de logro. Lo importante, como ya dijimos en los primeros capítulos, es que no caigas en la desesperanza de que no hay nada que hacer. A lo largo de estas páginas, y en otros muchos libros, encontrarás muy buenas ideas de lo que hay que hacer.

Revertir el ciclo normal de nuestro razonamiento: «si me sintiera mejor, lo haría mejor» a «cuando lo haga mejor, me sentiré mejor». Por eso, de nuevo, cuanto más independientes seamos de nuestra fuerza de voluntad, mejor. Construye hábitos, aunque no te apetezca o te aburras mucho. Es normal. Tu cerebro está hecho para correr, cantar, salir corriendo o luchar. Pero tú puedes esculpirlo para pensar, razonar y analizar multitud de fenómenos. Esta es la razón por la que hablamos de emociones después de hablar de motivación y autorregulación, y no antes.

2. Por otro lado, existen también **las emociones epistémicas**. Un caso prototípico de emociones epistémicas sucede cuando aprendemos algo que contradice nuestras creencias anteriores. Por ejemplo, cuando comprendemos que el Sol gira alrededor de la Tierra, al contrario de lo que experimentamos a simple vista. Estas emociones son muy importantes, ya que generan una disonancia cognitiva y son una oportunidad para aprender de forma duradera algo nuevo.

Esta disonancia puede despertar emociones como la sorpresa o la curiosidad, pero también confusión cuando no sabemos cómo resolverla; e incluso ansiedad cuando viene a contradecir creencias importantes para nosotros. También es de destacar que, si se resuelve la incongruencia, podemos experimentar gozo y orgullo, o frustración cuando esto no parece posible. En el fondo, muchas de las emociones de logro pueden ser experimentadas como emociones epistémicas, dependiendo de nuestro foco de atención. Por ejemplo, la frustración de una estudiante, cuando no encuentra la solución a un problema de matemáticas, puede ser epistémica si el foco está en la disonancia cognitiva, o de logro si se experimenta como un fallo personal o indicadora de la incapacidad para las matemáticas.

Las emociones epistémicas son muy importantes también, y son, en el fondo, las que tratamos de despertar con casos de estudio interesantes y conexiones con fenómenos que nos resultan personalmente relevantes. Por ejemplo, cuando damos significado personal a lo que aprendemos. Este tipo de emociones influencian en gran medida la motivación y el interés por ese tema, haciendo que queramos aprender más.

Desde este punto de vista sí que es interesante preguntarse por qué es importante eso que estamos aprendiendo. Desarrollar una visión en la que lo que aprendemos no cambia únicamente nuestra forma de mirar el mundo, sino a nosotros mismos. Aprender supone que puedo apreciar cosas distintas, vivir la vida con una intensidad diferente. Por ejemplo, en los tres años en los que estuve dedicado a la botánica y al estudio de las plantas, aprendí a identificar numerosas flores del campo, y eso cambió mi forma de disfrutar un paseo por la naturaleza, porque era capaz de reconocer muchas de las flores que nos íbamos encontrando. Supongo que un placer parecido es el que explica el interés por reconocer aves por su canto.

Cuando el aprendizaje es un fin en sí mismo, el foco de atención no es el resultado, sino la propia actividad. El objetivo es llegar a esto en algún campo de tu vida, pero no nos engañemos, para llegar a esto necesitas una gran cantidad de motivación y autorregulación previa.

3. Finalmente, existen las **emociones sociales**: aquellas que tienen que ver con el contexto y las expectativas del entorno. Incluso cuando se trabaja a solas es imposible desprenderse de la influencia de este tipo de emociones en el aprendizaje. Se han estudiado especialmente en el contexto del trabajo cooperativo, aunque queda todavía mucho por saber y por investigar sobre cómo las emociones provocadas por el entorno social influencian el aprendizaje.

Las expectativas del entorno juegan un papel crucial en la generación y experiencia de nuestras emociones sociales. Desde muy temprana edad, aprendemos a adaptarnos a las normas y valores de nuestra sociedad, o al menos de la sociedad reducida que nos rodea. Estas expectativas pueden venir de la familia, amigos, o de esta sociedad reducida. Cuando nuestras acciones y comportamientos cumplen con estas expectativas, a menudo experimentamos emociones de valencia positiva como la aceptación, el orgullo y la satisfacción. Por otro lado, cuando no cumplimos con estas expectativas, podemos experimentar emociones de valencia negativa como la vergüenza, la culpa y la exclusión.

Aquí el equilibro es complejo. Por un lado, no me gustaría caer en la visión de que todo depende de ti. No es cierto. No depende de ti la familia que hayas tenido, el número de libros que leían en tu familia, el colegio en el que estudiaste, y un largo etcétera que ha configurado tus características de persona que aprende, pero, por otro lado, tampoco es cierto que nada dependa de ti. En realidad, lo que me gustaría transmitirte es que la existencia de una comunidad de aprendizaje a tu alrededor es muy importante. Por eso, si desgraciadamente no cuentas con apoyo suficiente, busca maneras de encontrar este apoyo.

Resulta algo parecido a lo que hablamos en los primeros capítulos sobre estudiar o no en la biblioteca. Tal vez sea el lugar donde encuentras a gente que hace lo mismo que tú, y valora las mismas cosas que tú, o quizá sea el lugar donde no hay gritos y peleas. De igual manera, crear grupos de estudio tiene este efecto amortiguador, en el que las emociones sociales favorecen un espacio de promoción del aprendizaje. Quizás estés preparando una oposición mientras tu grupo de amigos continúa con la vida nocturna que llevabas antes. Tal vez sea buena idea complementar ese grupo de amigos, imprescindible, con otros espacios donde las emociones sociales te ayuden a mantenerte. En el fondo, para eso existen también los gimnasios. No es lo mismo ejercitarte en tu casa que en un espacio donde ves que hay otras personas haciendo lo mismo. En resumen, en la medida de tus posibilidades, configura tus interacciones sociales para ayudarte a aprender.

La influencia de las emociones en el aprendizaje

Como ya hemos dicho, las investigaciones de las últimas décadas son inapelables: las emociones influyen enormemente en algunos procesos cognitivos como la atención, la propia memoria y la resolución de problemas. También sabemos que las emociones consumen recursos atencionales centrando la atención en el objeto de la emoción. Si el objeto es irrelevante para la tarea —por ejemplo, cuando estás pensando en tu pareja mientras escribes un texto— se dispone de menos atención para realizar con éxito esta misma tarea. De ahí que nuestro rendimiento caiga cuando tenemos un problema grave que estamos «rumiando» todo el día.

Además, **se ha demostrado que las emociones influyen significativamente en la motivación intrínseca,** basada en el interés y la curiosidad, **y extrínseca,** basada en la obtención de buenos resultados. Por último, y esto resulta muy interesante, las emociones facilitan el uso de diferentes estrategias de aprendizaje, relacionándose con la autorregulación.

En este sentido, ayudan a fijar objetivos, monitorizar cómo va el propio aprendizaje, y la evaluación de todo el proceso.

En definitiva, las emociones pueden ser uno de los propulsores de la autorregulación, y por eso hablamos de ellas en este capítulo.

En definitiva, las emociones nos brindan información valiosa sobre nuestras necesidades y deseos. Cuando experimentamos una emoción, como la tristeza o la decepción, esto puede indicar que algo está mal o que tenemos una necesidad insatisfecha. Lo importante es mirar las emociones bajo el prisma de la autorregulación: al prestar atención a estas emociones podemos identificar las áreas en las que necesitamos trabajar para mejorar. Por ejemplo, si experimentamos una sensación de frustración debido a la falta de progreso en un proyecto, podemos tomar medidas para gestionar nuestra energía y tiempo de manera más efectiva, estableciendo metas realistas, pequeñas, y secuencias (capítulo 6) y organizando nuestra forma de trabajar de manera más eficiente (capítulo 4).

Pongo un ejemplo que te sonará de capítulos anteriores: disfrutar del aprendizaje se correlaciona positivamente con un mayor aprendizaje en las investigaciones del investigador educativo Reinhard Pekrun. También correlaciona positivamente el orgullo y la esperanza con el esfuerzo invertido, las estrategias de autorregulación y la elaboración de materiales de estudio.

Por el contrario, las emociones negativas disminuyen la motivación y el interés por el tema, además de constituir una posible fuente de pérdida de atención. Sin embargo, también pueden aumentar la motivación extrínseca para evitar el fracaso. Por eso se piensa que pueden conducir a utilizar estrategias enfocadas en el resultado, como estudiar compulsivamente la noche antes. Esto implica que el efecto de las emociones negativas puede ser variado, dependiendo de las condiciones de la tarea, aunque en general no ayuda a estrategias de aprendizaje a largo plazo, sino más bien de evitación de consecuencias. Las estrategias de evitación resultan, en general, desmotivadoras. Porque no nos acercan a un objetivo deseado, sino que nos alejan de un resultado indeseado. A largo plazo, es complicado funcionar por evitación.

De la misma manera, la ansiedad ha sido analizada en muchos estudios. La ansiedad induce pensamientos no relacionados con la tarea. Vinculadas con esta emoción negativa encontramos la vergüenza y la culpa, que de nuevo vienen a «secuestrar atención» aunque pueden tener una influencia motivacional extrínseca y positiva siempre que el éxito parezca alcanzable. La confusión es otra emoción negativa pero que podría tener un efecto positivo en el mismo sentido de que induce una motivación para pensar y reflexionar sobre las estrategias empleadas, como hemos dicho ya al hablar de las emociones epistémicas.

En contraste con estas emociones negativas, encontramos otras que además son «desactivantes del aprendizaje», es decir, que ni siquiera tienen un posible efecto en la motivación para aprender. Hablamos sobre todo del aburrimiento y la desesperanza. Ambas llevan a un procesamiento superficial de la información, y a eliminar la motivación extrínseca que en los casos anteriores hemos explicado.

Un cerebro que se aburre

Aunque espero haberte sorprendido a lo largo de las páginas de este libro, lo que voy a explicarte ahora tal vez resulte lo más sorprendente que encontrarás en este libro: «aburrirse es normal». No te puedes enfadar.

El aburrimiento es una parte esencial del aprendizaje, aunque esto no quiere decir en absoluto que deba perseguirse como objetivo en sí. Lo que digo es que, en algún momento del camino, te aburrirás. Voy a tratar de explicarme: nuestra especie existe desde hace doscientos mil años aproximadamente. Durante todo este tiempo, y los millones de años anteriores, la raza humana se ha configurado para aprender de manera espontánea muchas cosas: por ejemplo, aprendemos a andar o a hablar nuestra lengua materna simplemente por inmersión. Nada más nacer, nos rodean de personas que realizan estas acciones y lo aprendemos. Este tipo de aprendizajes son lo que el psicólogo evolutivo y del desarrollo cognitivo estadounidense David Geary denomina **«aprendizajes primarios»**, porque estamos diseñados para llevarlos a cabo sin esfuerzo. En este sentido, nos divierte escuchar una música que nos gusta y bailarla, al igual que hablar con buenos amigos. Para mí, hablar con Gonzalo, María u Óscar es siempre un disfrute. Me pasa igual con Manuel y Marcela, aunque como son colombianos hay algunas palabras que tengo que repensar (especialmente las malsonantes y los exabruptos). Con Christian o Kieran ya es más complicado, porque hablamos en inglés y a veces el humor basado en juegos de palabras se me hace ininteligible.

David Geary nos habla también de los aprendizajes biológicos secundarios, que son aquellos que hemos aprendido culturalmente: escribir, leer, dibujar el plano de una casa, programar en Python, y un cierto tipo de humor, como el que me pasa con estos amigos, son buenos ejemplos de este tipo de aprendizajes. Como son evolutivamente recientes, a nuestro cerebro le cuesta aprenderlos, y también porque son, en ciertos sentidos, difíciles. Desde luego, no espontáneos.

Por ejemplo, puedo irme a vivir a China y probablemente adquiera un lenguaje hablado básico como «hola», «adiós», «gracias» y «cerveza», pero nunca aprenderé a leer chino simplemente exponiéndome a textos y más textos en este idioma. Esta diferencia es fundamental, y explica por qué nos frustramos tanto cuando nos cuesta aprender muchas cosas. Es difícil y, por tanto, nos aburre, cuando nos falla la motivación. El aburrimiento, en definitiva, no debe ser un objetivo, pero tampoco una señal inequívoca para desistir. Es la señal de que estás realizando un esfuerzo mental y que no siempre estás muy motivado para hacerlo. La cuestión con el aburrimiento es: ¿cuánto? Y ¿cómo de frecuente? Debes preocuparte si algo te aburre mucho, siempre, y cuando ese aburrimiento no te compense cuando vayas consiguiendo tus objetivos.

El psicólogo clínico y profesor en la Universidad de York de Toronto (Canadá), John Eastwood, y sus colaboradores, definen el aburrimiento bajo dos premisas: la primera, aburrirse es no ser capaz de dedicar la atención requerida para tener una experiencia satisfactoria por causas internas (pensamientos, sentimientos) o externas (estímulos ambientales); y la segunda es que aburrirse es darse cuenta de que nos pasa eso y atribuimos la causa de este estado al entorno. En resumen, según esta idea sería algo así como pensar: «No soy capaz de dedicar la atención suficiente como para disfrutar esto, y creo que no puedo hacer nada para cambiarlo». Más importante todavía, esto implica que una persona aburrida no es la que no tiene nada que hacer, sino la que quiere ser estimulada atencionalmente por algo, pero no es capaz de conseguirlo.

En este sentido, resulta muy esclarecedor hablar de la «atribución»: a qué atribuimos el éxito, el fracaso o el aburrimiento. Una de las teorías más famosas para explicar el desarrollo de las atribuciones es la «teoría de la atribución causal» de Bernard Weiner. Para lo que nos importa ahora, y como ejemplo, el orgullo por hacer algo bien se experimenta cuando se atribuyen las causas a algo interno como el esfuerzo o la habilidad; y la vergüenza se atribuye a causas internas e incontrolables (como falta de habilidad).

En definitiva, esta teoría afirma que las emociones en el aprendizaje dependen mucho de si la persona siente que tiene el control o no, del éxito en actividades o resultados que son importantes para esa persona. Lo interesante es que, cuando las emociones se repiten una y otra vez a lo largo de una vida académica, las apreciaciones personales que despiertan estas emociones pueden automatizarse hasta el punto de no ser conscientes en absoluto. En los esquemas de la memoria procedimental se asocian cosas como: no sirvo para las matemáticas (desesperanza), o soy muy bueno para el cálculo mental (orgullo).

De nuevo, las metas tienen un papel en las emociones

Otro aspecto fundamental de las emociones relacionadas con el aprendizaje es que están ligadas a unas metas: los objetivos por los que merece la pena esforzarse. Estas metas pueden establecerse en comparación con uno mismo (metas de aprendizaje) o con los demás (metas de desempeño). Comprender las relaciones entre estas metas y las emociones es de una importancia capital para explicar el origen de las primeras. En concreto, las metas de aprendizaje enfocan la atención al control que tenemos para llegar a conseguir algo y al valor de aprender ese algo, de manera que se relacionan con emociones como el disfrute y la reducción del aburrimiento. Nos esforzamos porque pensamos que podemos realizar algo con éxito y, cuando lo conseguimos, se disparan las emociones positivas.

Por el contrario, las metas de desempeño ponen la atención en el poco control que tenemos sobre un resultado que además se espera negativo, y se relacionan con emociones como la ansiedad, la vergüenza y la desesperanza.

Es muy interesante comprender que cuando este tipo de relaciones se repiten una y otra vez, la inducción de emociones se produce sin mediación, de manera que se despiertan emociones por el simple hecho de tener que trabajar en una actividad (inconscientemente se piensa que no se va a conseguir, y que no se puede hacer nada para conseguirlo). Se forman esquemas, es decir, patrones que conectan automáticamente percepciones a emociones (por ejemplo, ver un folio en blanco con la ansiedad).

Dado que el tiempo es limitado y que muchas actividades de ocio son, normalmente, más atractivas que estudiar, los procesos de regulación de las emociones son muy importantes. Por ejemplo, un progreso inicial rápido en el aprendizaje puede hacerlo más atractivo. Si esto no ocurre, hay que recordarse a uno mismo por qué aprender esto o aquello era importante. Cuanto más aversiva y poco atractiva es una actividad, más importante es fijarse pequeñas metas que nos muestren nuestro propio progreso. Sentirse competente, en definitiva. Que realizar la actividad o la tarea sea cada vez más fluido, que nos haga sentir mejores realizándola.

El problema es que en tareas académicas complejas puede ser difícil percibir estos progresos, pero podemos facilitarlo creando una estructura de prioridades consistente (voy a dedicar a esto una hora al día, pase lo que pase), o creando una estructura coherente en la que lo que aprendemos se integra en un todo con sentido para nosotros. Además, debemos evitar la intrusión de momentos en los que hay que comprobar alguna palabra o fórmula, lo que nos transmite poca fluidez y provoca emociones negativas.

Lidiando con las emociones

Las emociones pueden regularse de distintas maneras: enfocándose en las causas de la emoción («**regulación orientada a la emoción**»), cambiando las apreciaciones sobre la emoción («**regulación orientada a la apreciación**»), cambiado el entorno de aprendizaje («**selección y diseño de aprendizajes**») y adquiriendo competencias para aprender más eficazmente y, por tanto, experimentando beneficios emocionales del éxito académico («**regulación orientada al problema**»).

Poco sabemos actualmente de la regulación orientada a la emoción, ya que parece un fenómeno tremendamente individual del que es difícil extraer ideas generales. En este sentido, contamos con muchas más pruebas a favor de la «regulación orientada al problema»: los beneficios a largo plazo de mejorar las propias competencias incluirán también una mejora en las creencias sobre el control (tengo el control para mejorar) y reducen mucho la ansiedad.

Los enfoques centrados en las emociones y su apreciación se dirigen esencialmente a cambiar las emociones desagradables. Un ejemplo perjudicial de esta estrategia incluye la utilización de alcohol y medicamentos para reducir la ansiedad. Un ejemplo beneficioso es aceptar la ansiedad, reduciendo la atención y aceptando la posibilidad de fallar. Ahí el papel de los docentes es clave, induciendo emociones positivas vinculadas al fallo cuando lo aceptamos como parte normal del aprendizaje. Pero, aun así, tú puedes relativizar tus fallos como una parte natural del proceso de aprendizaje. Esto es muy fácil de decir y complicado de hacer, pero te aseguro que he cometido muchísimos fallos, y me gustaría haber aprendido mucho más de alguno para no repetirlo.

Otra estrategia perjudicial para lidiar con las emociones es la «evitación»: disminuimos el esfuerzo, procrastinamos y dejamos de prepararnos para evitar emociones negativas. Estas estrategias reducen la ansiedad a corto plazo; sin embargo, los efectos adversos pueden ser graves. Evitar conscientemente la ansiedad por evitación puede inducir a unos niveles bajos de atención consciente, eligiendo siempre la evitación como estrategia y disminuyendo cada vez más la regulación cognitiva sobre nuestro aprendizaje. De esta manera, llegamos a una situación de indefensión donde preferimos el fracaso esperado que el fracaso inesperado cuando nos hemos esforzado, y, por tanto, se genera una personalidad que ha renunciado al control sobre la propia actividad.

En blanco
Una memoria para las emociones

Vamos a retomar la figura 1, que ya vimos en el tercer capítulo cuando hablamos de la memoria de trabajo. Si recuerdas lo que dijimos entonces, la memoria de trabajo consiste en un conjunto de procesos cognitivos que son los que operan con la información que tienes delante. Sin embargo, esta información va a incorporarse más o menos fácilmente en función de lo que hay en la memoria a largo plazo.

Además, la memoria a largo plazo va a tener diferentes sistemas, que podemos dividir esencialmente en tres: «**la memoria semántica**» (información declarativa, datos y hechos); «**la memoria procedimental**» (información sobre cómo llevar a cabo ciertos procedimientos), y «**la memoria episódica**». En lo que respecta a las emociones, vamos a fijarnos especialmente en esta última.

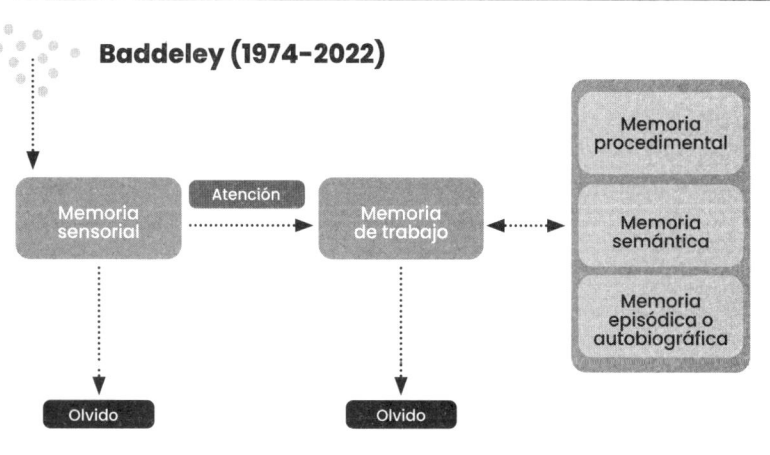

Figura 2. Tipos de memoria a largo plazo.

- **La memoria episódica o autobiográfica** almacena los «episodios» de nuestra vida; es nuestra memoria autobiográfica. No nos exige ningún esfuerzo: simplemente ocurre. Con todo, hay una desventaja, pues la memoria episódica «fácil viene y fácil se va». Si queremos recordar lo que comimos ayer, probablemente lo recordaremos. En cambio, si intentamos recordar lo que comimos un día como hoy hace un año, no lograremos nada, a menos que haya sido una fecha importantísima y un almuerzo particularmente memorable.

- **La memoria semántica** y **la procedimental**, por contra, son mucho más exigentes. Debemos hacer un gran esfuerzo para generar recuerdos de este tipo. Este es el tipo de memoria que empleamos cuando estudiamos algo conscientemente, porque deseamos recordarlo. A diferencia de la memoria episódica, no se dan de forma espontánea. Sin embargo, su ventaja es que el esfuerzo realizado se traduce en un recuerdo perdurable.

La memoria episódica

La memoria episódica es en gran medida contextual: los recuerdos se juntan con las experiencias sensoriales y con las emociones que experimentamos en el momento. Así pues, cuando recordamos un suceso, por ejemplo, una formación a la que asistimos, vienen a nuestra mente cosas como el molesto aire acondicionado, el magnífico desayuno, o el bolígrafo cutre que nos regalaron. Lo molesto es que tal vez recordemos con más nitidez esos detalles que los aspectos que realmente deseamos traer a la memoria: qué se dijo en la formación.

Aquellas claves emocionales y sensoriales se activan cuando intentamos evocar un recuerdo episódico. La memoria episódica está tan estrechamente ligada con el contexto, que no resulta útil para recordar algo cuando el contexto ya no está presente. Por eso presenta graves limitaciones en cuanto a su utilidad como principal estrategia para aprender, ya que cualquier contenido que se recuerde está íntimamente vinculado con el contexto en el que fue aprendido. No favorece un aprendizaje flexible y transferible que pueda aplicarse en diversos contextos y circunstancias. Y, sin embargo, esta cualidad de ser transferible es el requisito esencial para la creatividad y el pensamiento crítico.

Cuando vivimos emociones intensas, los sucesos se graban en la memoria episódica; lo mismo ocurre con las experiencias novedosas. Así pues, incluir una actividad distinta, atractiva o menos rutinaria para aprender algo podría complementar la memoria semántica; por ejemplo, realizar un viaje real o virtual por un museo después de estudiar o trabajar algún tema de arte. O bien, dotar de sentido personal a lo que estamos aprendiendo sería una buena manera de aprovechar las ventajas de ambas formas de memoria, tal como lo haría un experimento científico que demostrase el concepto que ya fue aprendido, o pensando en historias familiares relacionadas con un conflicto social de nuestro país. No se trata de una simple elección binaria entre hacer siempre una cosa o la otra, ni tampoco se pretende sugerir que la memoria episódica sea de algún modo «mala» o inferior. Solo es diferente y hay que aprender a utilizarla para aprender mejor.

Por fortuna, también contamos con las memorias semántica y procedimental, que no presentan las limitaciones de la memoria episódica. Los recuerdos semánticos son independientes del contexto. Una vez que un concepto ha sido almacenado en la memoria semántica, se torna más flexible y transferible entre diversos contextos. La memoria semántica es, por lo tanto, una herramienta fundamental para el aprendizaje a largo plazo: un aprendizaje que puede aplicarse en contextos nuevos para resolver problemas imprevistos. Es esta memoria la que empleamos cuando resolvemos problemas o recurrimos a la creatividad, ya que en ambas circunstancias se requiere aplicar a un contexto nuevo algo aprendido en otro contexto anterior. En cambio, los recuerdos episódicos no son flexibles ni fácilmente transferibles, porque están anclados en detalles anexos.

Ideas clave del capítulo

1. Las emociones son parte de tu forma de aprender. Por eso, dedica tiempo a analizarlas y a buscar el origen de por qué te sientes como te sientes.

2. El aprendizaje es un fin en sí mismo. Plantéate para qué quieres aprender, y por qué es importante para ti.

3. Vincula lo que estás aprendiendo con elementos emocionalmente significativos para ti. Aprender también cambia la manera en la que ves el mundo y a ti mismo.

4. Encuentra el modo de enfrentarte poco a poco a tus emociones, buscando apoyo si crees que es un factor que te impide progresar.

Es el momento de concretar…

Piensa en una meta que te hayas propuesto a corto plazo:

- ¿De quién será la culpa si fracasas?, ¿cómo te sentirás?
- ¿De quién será la culpa si tienes éxito?, ¿cómo te sentirás?
- ¿Por qué es importante tener éxito en esa meta?
- ¿En qué pasos puedes dividir esa meta?
- ¿Qué tres cosas necesitas para cumplir esa meta?

Epílogo
Creer en la posibilidad de aprender

Este capítulo final, si yo fuera más valiente, tendría que haber estado ubicado en el principio del libro. Lo he puesto al final para no desanimar la lectura de todo el libro. Si has llegado hasta aquí, debes saber que se trata de uno de mis temas favoritos y de ideas que considero fundamentales para llevar a la práctica lo que llevamos comentado hasta ahora. Todos los ejemplos que hemos puesto, y todas las historias que he desarrollado a lo largo del libro, consideran la misma premisa.

Y esta premisa es que, en tu interior, tienes un enemigo muy potente y desconocido. Una especie de animal salvaje que hiberna en tu interior esperando el momento de asestarte un zarpazo demoledor, siempre que detecte que te flaquean las fuerzas. Estoy hablando de la **capacidad de autoengaño**.

Todas las ideas que he tratado de aportar en este libro parten de la premisa de que nuestro pasado no configura nuestra identidad, sino que lo hace nuestra visión del pasado. Por eso, los éxitos y fracasos importan mucho; pero aún importa más la interpretación que hiciste de esos éxitos y fracasos. Además, y esto es fundamental, al pasar los años tu memoria los dotará de nuevas interpretaciones en función de tu situación actual. En resumen, no te fíes mucho de tus apreciaciones espontáneas sobre ti mismo y tu propio aprendizaje. La realidad es que el profesor de Psicología de la Universidad de Harvard, Daniel L. Schacter, tiene razón: «La memoria depende más de quiénes somos ahora que de lo que pasó en realidad». Al contrario, las herramientas que he tratado de desarrollar en este libro son maneras de ajustar tu autoevaluación, de forma que cuentes con distintas fuentes de información en tu camino de aprendizaje y mejora personal.

Si me encuentro en este momento escribiendo estas páginas es porque empecé a leer compulsivamente sobre educación. Y si hice eso fue porque, de repente, me di cuenta de la capacidad asombrosa que tenemos de generar una realidad alternativa cuajada de frases como «esto lo he aprendido de maravilla», «soy capaz de sacarlo sin estudiar», o «al final esto no es tan importante». Yo mismo, el primero, durante mucho tiempo. En mis años universitarios, mantenía una y otra vez mi forma de trabajar porque «no hace falta saber eso», o «con un rato que le dedique al final lo saco sin problemas».

Y es que nuestro cerebro está programado para hacernos sentir bien, o lo que es lo mismo, evitar la «disonancia cognitiva», que es el nombre que le damos a cuando la realidad contradice «nuestra realidad»; y nuestro sistema cognitivo se ve obligado a un cambio de creencias o conceptos. Si yo me creo el mejor cantante del mundo, y de repente alguien me escucha cantar y sale corriendo, tal vez lo achaque a su falta de sensibilidad auditiva.

El sistema cognitivo utilizado en un ejemplo como el anterior es lo que el psicólogo israelí-estadounidense experto en la psicología del juicio y toma de decisiones, Daniel Kahneman, en su clásico libro *Pensar rápido, pensar despacio* llama sistema 1. Está diseñado para responder rápidamente, mediante generalizaciones o «heurísticos». En el fondo, nos ha salvado la vida (de forma literal si pensamos en nuestra historia evolutiva) muchas veces, por ejemplo, cuando deducimos que, si hay mucha gente huyendo de un lugar, lo mejor será correr también.

Lo que sucede es que estas ilusiones nos hacen bastante malos jueces de nosotros mismos. Por poner algunos ejemplos famosos, hay encuestas donde el 88 % de los americanos valora que conduce mejor que la media (algo matemáticamente imposible). Los docentes no nos libramos de esto, y en un estudio el 90 % de profesores universitarios valoraron que enseñaban por encima de la media. Algo, de nuevo, matemáticamente imposible.

De igual manera, en psicología se describe el conocido como «efecto Dunning-Kruger» en honor a los psicólogos estadounidenses David Dunning y Justin Kruger. Se trata del fenómeno, ampliamente demostrado en distintos contextos, de que se sobrestima lo que una persona sabe porque cree tener más conocimientos y capacidades de los que realmente se tienen, o dicho en palabras llanas, nos creemos más listos de lo que somos. Y claro, esto es un problema cuando tienes entre manos un libro que te trata de ayudar a aprender. Porque el aprendizaje se pone en marcha cuando hay una brecha entre lo que sabemos y lo que queremos saber, o entre lo que hacemos y lo que queremos hacer. Así, es muy peligroso no estimar bien lo que ya sabemos o hacemos, porque modifica completamente nuestra visión de los objetivos. En este sentido, la evaluación formativa es una herramienta muy potente. Mariana Morales y yo mismo escribimos un libro que ha tenido muy buena acogida entre los docentes, pero que también está pensado para ayudarte en este proceso. La idea es que cuanto más capaces seamos de evaluar nuestros progresos con rigor y enfocados a un objetivo, más difícil es que caigamos en los sesgos que vamos a desarrollar a continuación.

De hecho, este asunto tiene una importancia fundamental en aspectos como la motivación y la frustración. Generalmente, como ya hemos dicho, pensamos que estamos más cerca del objetivo de lo que ya estamos. Cuando acontece algo que contradice esta visión, entonces ocurre la disonancia cognitiva, y nos desanimamos. Pensábamos que ya estábamos cerca de poder pasar la prueba, de terminar el documento o de programar el código que nos habían pedido, pero, al comprobar que en realidad no es así, sentimos una gran frustración —tal vez porque bajamos de las nubes—. Menos mal que existen las personas que nos bajan de las nubes, con cariño y paciencia.

Creo que un aspecto fundamental en el camino de ser

capaces de no quedarnos en blanco a menudo supone precisamente ser capaces de bajarnos a nosotros mismos de las nubes. Todo lo escrito sobre fijarse objetivos concretos, plausibles y a corto plazo; establecer metas significativas y comprometerse a ellas, y, finalmente, tratar de valorar nuestro progreso en ellas; todo va en esta línea. Por eso, conocer la ilusión cognitiva nos invita claramente a **ser prudentes con la propia estimación de nuestro progreso.** Además, es una invitación a **desarrollar puntos de control objetivos y sistemáticos** que nos permitan descubrir la realidad y orientarnos mejor en los pasos siguientes a tomar.

Por otro lado, y esto es muy relevante, la utilización de estrategias de aprendizaje está muy influenciada por nuestras creencias acerca de lo bien que lo podemos llegar a hacer. Aquellas personas que tienen creencias de autoeficacia más altas, es decir, que creen que pueden hacerlo muy bien, descartan las estrategias improductivas más rápidamente. También reelaboran los problemas en los que se equivocan más fácilmente, porque la autoeficacia está relacionada con el control percibido sobre el propio entorno. Por eso, este libro trata de convencerte de dos cosas: de que resulta posible aumentar ese control mediante el empleo persistente de recursos y estrategias, y de que habrá fracasos en esto de aprender, pero hay que mantenerse en el empeño.

En definitiva, los éxitos y los fracasos provocarán en nosotros un cambio de conducta, pero que está mediado por las respuestas emocionales y la atribución que hagamos de esos éxitos o fracasos. Lo importante es el grado de elección percibido: hasta qué punto sentimos que podemos elegir nuestras conductas en un contexto determinado, lo que los psicólogos Deci y Ryan, los grandes expertos en el tema, llaman «acciones autodeterminadas».

La percepción subjetiva de por qué se lleva a cabo una acción es lo que estos mismos autores denominan «significación funcional», que supone una elaboración activa influenciada por todos los factores que hemos ido desgranando en el libro. Por tanto, las creencias acerca de uno mismo, de qué puede cambiar y por qué actúa de una determinada manera, influencian la disposición a utilizar estrategias de aprendizaje diferentes mientras aprende. Mi propuesta aquí es la siguiente: **no esperes a cambiar tus creencias para cambiar tus acciones. Cambia tus acciones de modo que cambien tus creencias.** Es muy difícil cambiar una creencia. Y, sin embargo, espero haber aportado muchas maneras de modificar tu forma de actuar cuando aprendes. Empieza por ahí, y deja que el hábito vaya cambiando la significación funcional que tiene para ti tu propio aprendizaje.

Sesgos cognitivos

Como hemos visto, existen patrones de pensamiento automáticos y predecibles que afectan nuestra capacidad para procesar información de manera objetiva y racional. A estas ilusiones a menudo las denominamos «sesgos cognitivos». Estos sesgos influyen en la forma en que interpretamos la realidad, tomando «atajos mentales» basados en nuestras experiencias pasadas, creencias y emociones.

Existen numerosos tipos de sesgos cognitivos que pueden influir en diferentes aspectos de nuestro pensamiento. Algunos de los más comunes ya están desarrollados en mi libro *Educar en la complejidad*, e incluyen, por ejemplo, el sesgo de confirmación. Este sesgo nos lleva a buscar información que confirma nuestras creencias existentes y a ignorar o descartar evidencia contraria. También existe el «sesgo de disponibilidad», que nos hace dar más importancia a la información que está fácilmente disponible en nuestra memoria. Sin embargo, para lo que nos importa a nosotros en este libro, vamos a hablar de dos sesgos muy comunes: el «sesgo de atribución» y el «efecto halo».

Como dice Buster Benson en su exitoso blog sobre los sesgos cognitivos, «hay demasiada información en el Universo». Así que solo podemos permitirnos conservar los fragmentos que tienen más probabilidades de ser útiles en el futuro. Tenemos que hacer constantes apuestas y equilibrios en torno a lo que intentamos recordar y lo que olvidamos. Por ejemplo, preferimos las generalizaciones a los detalles porque ocupan menos espacio. Cuando hay muchos detalles irreductibles, elegimos algunos elementos destacados para guardarlos y descartamos el resto. Lo que guardamos aquí es lo que con mayor probabilidad servirá de base a nuestros filtros relacionados con la sobrecarga de información, así como lo que nos viene a la mente trata de completar la información incompleta. Todo se refuerza a sí mismo.

Para el propósito del libro, esto es muy importante. Porque, ante la falta de información y no saber qué nos pasa, tendemos a rellenar los huecos con las experiencias pasadas, o con la imagen que tenemos de nosotros mismos o que nos han transmitido personas que nos quieren bien o mal. Nos atraen los detalles que confirman nuestras propias creencias. Esto es muy importante.

Esta es la razón por la que las estrategias que proponemos en el libro no son solo formas nuevas de hacer, sino que nos tienen que llevar a formas nuevas de creer y pensar sobre uno mismo. Pensar que los fallos se deben a características fijas e inamovibles, como nuestra personalidad o la injusticia de una situación, puede llevarnos a atribuir nuestros fracasos erróneamente. Inevitablemente, nos vamos etiquetando a nosotros mismos. Pues bien, no somos nada buenos releyendo nuestra historia. La interpretamos en función de nuestra situación personal actual.

Esto nos lleva a dos ideas. La primera, la importancia de buscar contrastes constructivos. Personas y textos que nos aporten perspectivas nuevas, y rompan estos sesgos de atribución de los fenómenos que experimentamos en nuestra vida —espero que este libro lo haya sido—. La segunda, que debemos contar con nuestras propias circunstancias personales cuando valoramos la situación. Si empiezo a prepararme una oposición, mientras tengo dos niños pequeños y un familiar enfermo al que cuidar… pues quizá necesite revisar los razonamientos de causa-efecto. Tal vez deba darme espacio para mirarme con mejores ojos.

Todo esto tiene también muchos puntos en común con el «efecto halo»: cuando percibimos a una persona como atractiva y exitosa tendemos a creernos más sus afirmaciones. Completamos las características a partir de estereotipos, generalidades e historias previas, siempre que hay nuevos casos específicos o lagunas en la información. Y también lo hacemos con nosotros mismos. Cuando tenemos información parcial sobre algo concreto que pertenece a un grupo de temas con los que estamos bastante familiarizados, como, por ejemplo, el aprendizaje, nuestro cerebro no tiene ningún problema en rellenar los huecos con las mejores conjeturas o con lo que nos proporcionan otras fuentes de confianza. Luego olvidamos qué partes eran reales y cuáles estaban rellenadas.

Estos sesgos cognitivos pueden afectar a todos los aspectos de nuestras vidas, pero lo que nos interesa a nosotros es su influencia en la elección de estrategias de autorregulación del aprendizaje y, en definitiva, en nuestra metacognición.

Una vacuna contra los sesgos: la metacognición

La «metacognición» puede definirse como un conjunto de comportamientos que maximizan el potencial para aprender. Jennifer Webb, en su libro *The Metacognition Handbook*, nos dice que un comportamiento metacognitivo es aquel que tiene conocimiento y control sobre las habilidades y procesos cognitivos. En el fondo, cuanta mayor sea tu capacidad para pensar sobre tu pensamiento (por ejemplo, decidir cómo y qué aprendes mejor, qué estrategias te funcionan y qué momentos son los mejores para aprovechar más el tiempo), más provecho sacarás a este libro.

Por eso, esta última sección pretende hacerte consciente de que **no solo tienes que conocer las estrategias más eficaces para no quedarte en blanco, sino que también tienes que conocerte a ti mismo** para saber utilizarlas en el momento y de la manera precisa.

En definitiva, la metacognición se trata del proceso por el que una persona comprende cómo sucede su aprendizaje, y es capaz de aplicar activa e independientemente esta comprensión para ayudarse a aprender de la manera más efectiva, y a sostener este aprendizaje en el futuro. Esto se concreta en tres aspectos:

1. **Conocimiento metacognitivo**: el que se tiene sobre lo que se quiere aprender, sobre ti mismo y tu capacidad para aprenderlo, y qué estrategias son las mejores para hacerlo.
2. **Regulación metacognitiva**: la capacidad de planificar y monitorizar el propio aprendizaje durante el mismo proceso de aprender. En resumen, consiste en aplicar el conocimiento metacognitivo en el momento y de la forma precisas para desarrollar planes de mejora que te lleven a conseguir tus objetivos de mejora.
3. **Motivación metacognitiva**: el grado en el que queremos

conseguir aprender, relacionado con el interés, pero también con la creencia en nuestra propia habilidad para conseguirlo, lo que se denomina autoeficacia. La autoeficacia no es lo mismo que la autoestima, ya que se define como una valoración de la propia capacidad para realizar una tarea en un ámbito específico. Es mucho más concreta. De esa manera, podemos centrarnos en mejorar la autoeficacia practicando una acción, implicándonos en tareas difíciles y persistir pese a los fracasos.

Por lo tanto, teniendo en cuenta estos tres aspectos, Todd Michalsky nos propone una secuencia con cuatro pasos que, en el fondo, nos acerca a sugerencias prácticas que tal vez te ayuden en esto de la metacognición:

1. **Comprensión**: identificar lo que se comprende sobre la tarea/información/idea.
2. **Conexión**: establecer vínculos entre lo que se sabe y esta nueva tarea/información/idea.
3. **Estrategia**: identificar la mejor estrategia para realizar el paso 2.
4. **Reflexión**: evaluar si ha sido exitoso y la idea/tarea/información ha sido asimilada en un esquema que asegure su aprendizaje a largo plazo.

Si practicamos habitualmente estrategias metacognitivas, entonces se volverán un hábito. Y el hábito tiene que estar siempre relacionado con hacerse las preguntas correctas:

1. **En la comprensión**: ¿En qué consiste esta tarea? ¿De qué trata este tema? ¿Qué comprendo mejor? ¿Qué me pide hacer?
2. **En la conexión**: ¿Qué cosas conozco ya de este tema? ¿He realizado una actividad como esta antes?
3. **Estrategia**: ¿Conozco las estrategias que podría utilizar para realizar esta tarea? ¿Cuál me ayudaría más? ¿He utilizado estas estrategias antes? ¿Tuve éxito? ¿Por qué? ¿Cómo lo estoy haciendo esta vez? ¿Qué cosas tengo que evitar? ¿Cómo puedo saber si lo estoy haciendo bien o mal?
4. **Reflexión**: ¿Está bien lo que he hecho? ¿Estoy motivado para mejorarlo? ¿Qué emociones he sentido al realizar la tarea o aprender esto? ¿Cómo puedo motivarme para hacerlo mejor, ahora o la próxima vez?

Una buena idea siempre es pensar en voz alta cuando nos quedamos en blanco, por ejemplo, al resolver un problema de matemáticas o delante de una hoja en blanco. Pensar en voz alta puede resultar absolutamente crítico porque podemos generar hábitos en los que trabajar, eliminando el misterio de cómo llegamos a solucionar esas situaciones. En el fondo, tiene que ver con la evaluación de nosotros mismos y el proceso de autorregulación que comentábamos en capítulos anteriores.

El error más común, el que cometo yo también, es dar por seguro que nos acordaremos la siguiente vez. De ahí la importancia de mantener algunas ideas por escrito, de forma que el proceso de revisión sea explícito y consciente.

Por ejemplo:

«Tiendo a hacer… así que tengo que asegurarme de…».
«La última vez me olvidé de hacer… así que esta vez voy
a…».
«Me entra ansiedad cuando… así que voy a recordarme
a mí mismo que…».

Es importante poner ejemplos de cómo revisar una actividad cuando se ha terminado, y preguntarse cosas como si la respuesta obtenida tiene sentido.

Por ejemplo:
«¿He revisado este trabajo en función de mis errores más frecuentes?».
«¿Hay algún elemento en mi trabajo del que no estoy seguro o que me hace dudar?».

Esta reflexión metacognitiva también ayuda a identificar si la tarea se encuentra en la «zona de confort» (resulta fácil), en la «zona de desafío adecuado» o en la «zona de pánico» porque está realmente fuera de nuestras capacidades. Es conocido que, si el cerebro se encuentra en un momento de ansiedad extrema, el aprendizaje es poco probable, por lo que es bueno que se explicite qué tareas o qué aspectos de la tarea son los que generan más agobio, y trabajar estrategias desde ese aspecto.

Conclusión (a modo de preguntas)

Las preguntas a nosotros mismos son la mejor manera de solucionar una situación en blanco, desde el punto de vista que hemos desarrollado en los últimos capítulos. Estas preguntas son las que yo hubiese necesitado hacerme en mi etapa universitaria. Te animo fervientemente a que te las hagas, y también a que se las hagas a tus hijos, amigos, compañeros o familiares si los ves en algún momento de sus vidas en blanco. Porque la autorregulación del aprendizaje implica que somos capaces de realizar las siguientes acciones:

Planificación: reflexiona sobre lo que necesitas aprender y establece objetivos específicos para cada tarea que te llevará a aprender esa materia.

Monitorización: atiende a tu comprensión actual de los conocimientos y a tu rendimiento actual en las habilidades requeridas para ese aprendizaje.

Atención: grado en que eres capaz de mantener la atención cognitiva y la concentración durante el aprendizaje.

Y referidas a ellas, cuando nos quedamos en blanco, podemos preguntarnos:

- ¿Tu objetivo se centra en abordar una necesidad actual (por ejemplo, necesitas resolver un problema laboral), una necesidad futura (por ejemplo, una habilidad que sabes que necesitarás a largo plazo), o ambas?

- ¿Por qué es importante para ti este objetivo?
- ¿Cómo encaja este objetivo en su trayectoria general de aprendizaje?
- ¿Cómo has determinado que el objetivo está en el nivel adecuado de prioridad?
- ¿Hasta qué punto crees que eres capaz de alcanzar tu objetivo? ¿Por qué?
- ¿Has elaborado un plan estructurado?
- ¿Cómo te asegurarás de que puedes mantener la concentración y no te distraerás?

Pero eso no será suficiente, porque necesitas también:

Estrategias de aprendizaje: forma de estudiar y aprender, incluida la selección y el uso de diversas estrategias, como la elaboración de materiales o tareas, y la integración de todos los componentes del aprendizaje entre sí y con los conocimientos previos.

Persistencia: grado en que dedicas esfuerzo al aprendizaje y a concentrarte para ello.

Gestión del tiempo: elaboración de un programa de objetivos, unos más importantes que otros (jerárquicos), y asignación de tiempo para lograrlos mediante estrategias concretas.

En blanco

De nuevo, al quedarnos en blanco, podemos preguntarnos:

- ¿Cómo vas a enfocar tu aprendizaje? ¿Qué vas a hacer primero y por qué?

- ¿Qué te confunde?

- ¿Qué tienes claro?, ¿qué no está tan claro?

- ¿Sobre qué necesitas saber más?, ¿cómo puedes averiguarlo?

- ¿Cómo se alinea este tema/concepto con tu objetivo general?

- ¿Cuáles son tus próximos pasos?

- ¿Qué necesitas para seguir mejorando (por ejemplo, qué ayuda, herramientas o *feedback* necesitas)?

- ¿Cómo te asegurarás de centrarte no solo en el resultado, sino también en el proceso?

Y, finalmente, si te quedas en blanco, espero que también pienses en maneras de:

Estructuración del entorno: elección de un entorno que sea beneficioso para el aprendizaje.

Búsqueda de ayuda: grado en que buscas ayuda cuando tienes dificultades para comprender algo o te enfrentas a un reto en una tarea.

Motivación: disposición y deseo de participar en el aprendizaje.

- ¿Qué necesitas hacer para resolver tus problemas? (p. ej., buscar ayuda, encontrar recursos o herramientas)

- ¿Qué te resultó fácil? ¿Qué te resultó difícil?

- ¿Qué podría haber funcionado mejor?

- Cuando te encuentras con dificultades, ¿cuál es la causa? ¿Qué puedes hacer para superarlas?

Mi deseo es haber sido capaz de proporcionarte alguna respuesta, de manera que puedas continuar tu camino como aprendiz a lo largo de toda la vida. Te deseo la mejor de las suertes para ello.

Lecturas recomendadas |

La mayor parte de las lecturas recomendadas que se intercalan en la lectura del libro son fácilmente localizables, pero están casi siempre en inglés. Por eso te recomiendo algunas lecturas en español para seguir profundizando sobre el tema:

Baddeley A. D., Eysenck M. W. y Anderson M. C., *Memoria* (2.ª ed. amp. y rev.), Alianza Editorial, 2018.

Clear, J., *Hábitos atómicos: Cambios pequeños, resultados extraordinarios*, Ed. Planeta, 2020.

Dehaene S., *¿Cómo aprendemos?: los cuatro pilares con los que la educación puede potenciar los talentos de nuestro cerebro*, Siglo XXI Editores, 2019.

Fernández J. G., *Educar en la complejidad: para tomar decisiones desde el conocimiento*, Plataforma Editorial, 2022.

Kahneman D., *Pensar rápido pensar despacio*, Debate, 2012.

Lemov, D., *Enseña como un maestro 3.0*, International Science Teaching Foundation, 2022.

Mas Salguero M. J., *El cerebro en su laberinto: los trastornos del neurodesarrollo*, Next Door, 2020.

Matute H., *Nuestra mente nos engaña: sesgos y errores cognitivos que todos cometemos*, Shackleton Books, 2019.

Newport C. A., *Céntrate (deep work): las cuatro reglas para el éxito en la era de la distracción*, 2021.

Oakley B. A., *Abre tu mente a los números: cómo sobresalir en ciencias aunque seas de letras*. RBA Bolsillo, 2018.

Rueda Cuerva C., *Educar la atención con cerebro*, Alianza Editorial, 2021.

Ruiz-Martín, H., *¿Cómo aprendemos?: una aproximación científica al aprendizaje y la enseñanza*, Ed. Graó, 2020.

Schacter D. L., *Los siete pecados de la memoria*, Ariel, 2011.

Willingham D. T. & Font J., *Sé más listo que tu cerebro: por qué aprender es difícil y cómo puedes hacerlo fácil*. Ediciones Obelisco, 2023.

Agradecimientos

Estas páginas nunca hubieran sido posibles sin las extraordinarias personas que aparecen citadas en ellas. Personas que investigan y comparten generosamente su conocimiento acerca de nuestro aprendizaje, y a las que estoy inmensamente agradecido: María José, Marta, Héctor, Doug, Oliver, Tom, Efrat, Miguel, Helena y tantas otras. Espero que esta obra respete y reivindique su trabajo.

Muchas gracias a Consuelo por leer detenidamente la versión previa del manuscrito original, mejorando mucho su estilo. Muchas gracias también a Nieves por su lectura y sus sugerencias. Es un honor que fuerais las primeras lectoras del manuscrito.

También me gustaría agradecer y reivindicar la labor de Plataforma Editorial, personalizada en Jordi Nadal, Mercedes Castro, Víctor Guirao y tantos otros. Realmente es heroico el esfuerzo que hacen por realizar libros con autenticidad y sentido.

Mónica, Inés y Gonzalo alegran cada uno de mis días, empujándome siempre a ser más inteligente y generoso. No tengo palabras para describir lo que os quiero.

En blanco

Mi vida de aprendiz no hubiera sido la misma sin el apoyo de mis padres, Gabriel y Victoria, mi hermana Belén y mis abuelos Juan, Elena, Amador y Pilar. Gracias por todo el amor que ponéis en mi vida. Tampoco mi vida sería igual de feliz sin la familia que son Luis, Lourdes, Francisco, Juan Francisco y Cristina. Mil gracias de corazón.

Gracias también a los amigos con los que he compartido mis inquietudes en general, pero sobre el aprendizaje en particular, y mis gozos y lamentos con las vicisitudes de los adolescentes: María, Gonzalo, Óscar, Ani, Patricia, Bernar, Manuel, Marcela, Joaquín, Begoña, Santiago, Mariola, Silvio, Víctor, Rebeca, Albert, Esteban, Jorge, Abi, César, Natalia, Carlos, Mari Carmen, José Luis, la Picpus-Boane, Mariana, Pablo, Fernando, Nacho, Mónica, Antonio Iván, Lorenzo y Nieves. A sus pequeños aprendices también. A los antiguos alumnos a los que considero amigos: Rodrigo, Pedro Gabriel, Daniel, Silvia, Antela, María, Álvaro y Jaime. Gracias a todos por escucharme y compartir tanto conmigo.

A Carlos, Olga, Jorge y Rosana, gracias porque sin su generosidad no tendría la posibilidad de vivir esta forma de vida que me permite escribir.

Muchas gracias a mis compañeros, que me aguantan en el día a día y me animan a seguir trabajando. Especialmente a mis compañeros de departamento del pasado y presente: Santiago, Irene, Ainhoa y Mila. A los alumnos, familias y docentes con los que he compartido tanto en estos años. Muchas de vuestras caras, historias y problemas estaban en mi memoria mientras escribía. Siempre me habéis ayudado

Agradecimientos

a entender el error como parte de mi aprendizaje, me habéis derribado creencias absurdas y me habéis fortalecido con vuestra confianza y aprecio.

Gracias a Jesús por ser compañero y amigo, hermano y maestro.

Finalmente, este libro va dedicado a todas las personas que alguna vez os quedasteis en blanco. Si os ayuda a no desesperar, encontrando un camino para salir de ahí, habrá cumplido su propósito.

Su opinión es importante.
En futuras ediciones estaremos encantados
de recoger sus comentarios sobre este libro.

Por favor, háganoslos llegar a través de nuestra web:

www.plataformaeditorial.com

Para adquirir nuestros títulos,
consulte con su librero habitual.

«*I cannot live without books*».
«No puedo vivir sin libros».
THOMAS JEFFERSON

Desde 2013, Plataforma Editorial planta un árbol
por cada título publicado.

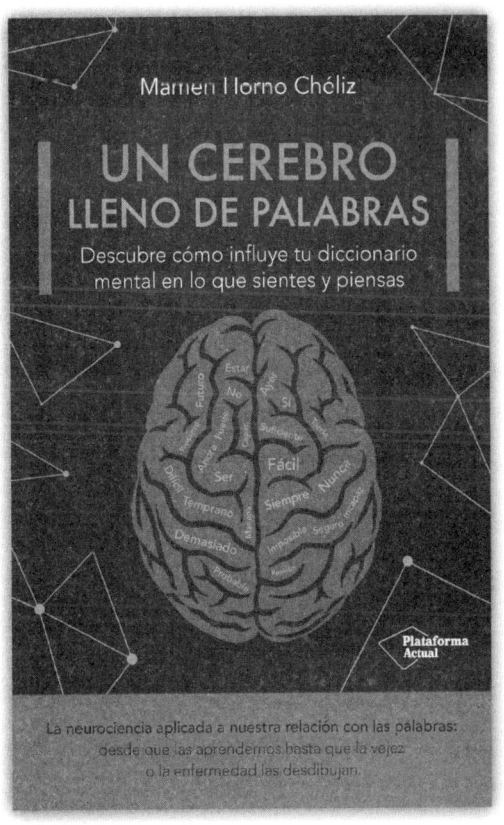

Las palabras son herramientas poderosas
con una importante influencia en nuestras relaciones e incluso
en nuestra salud mental. Este libro nos enseña a utilizarlas
como una herramienta para mantener relaciones sanas y
constructivas con los demás.

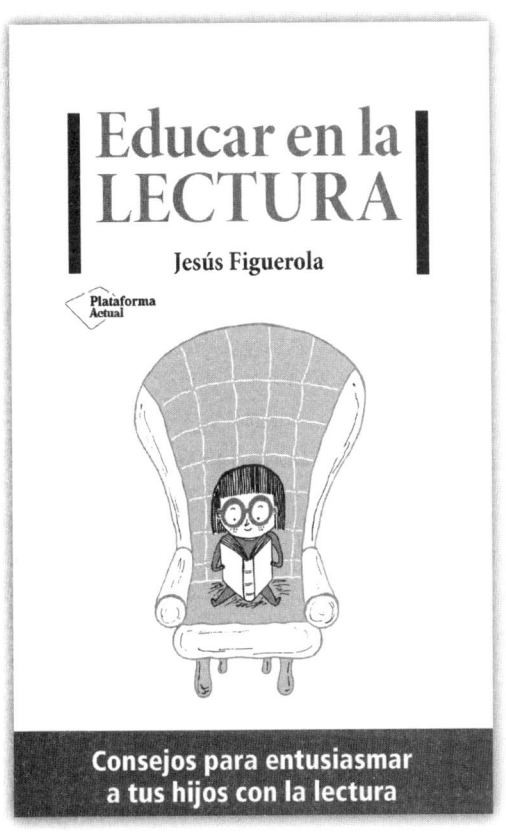

Este libro surge con el propósito de ayudar a los padres
a conseguir, en familia, que los más pequeños,
y no tan pequeños, encuentren en la lectura una fuente
inagotable de diversión y de entretenimiento desde
los primeros años de la infancia.